죽을만큼 기도하라

죽을만큼 기도하라

저자 찰스 피니
역자 임종원

초판 1쇄 발행 2013. 2. 20.
개정1판 1쇄 발행 2015. 2. 4.
개정2판 1쇄 발행 2019. 5. 2.
개정3판 1쇄 발행 2023. 1. 3.
개정3판 5쇄 발행 2024. 12. 10.

발행처 도서출판 브니엘
발행인 권혁선

책임교정 조은경
책임영업 기태운
책임편집 브니엘 디자인실

등록번호 서울 제2006-50호
등록일자 2006. 9. 11.
서울특별시 송파구 백제고분로28길 25 B101호 (05590)
마케팅부 02)421-3436
편 집 부 02)421-3487
팩시밀리 02)421-3438

ISBN 979-11-90308-91-5 03230

독자의견 02)421-3487
이 메 일 editorkhs@empal.com

북카페 주소 cafe.naver.com/penielpub.cafe
인스타그램 @peniel_books

도서출판 브니엘은 독자들의 원고를 설레는 마음으로 기다리고 있습니다.
위의 이메일로 간단한 기획 내용 및 원고, 연락처 등을 보내주십시오.

도서출판 브니엘은 갓구운 빵처럼 항상 신선한 책만을 고집합니다.

죽을만큼 기도하라

영적 부흥의 대가 찰스 피니의 인생 기도서

———— 찰스 피니 지음 | 임종원 옮김 ————

브니엘

1792년 미국 코네티컷주 워렌에서 농부의 일곱째 아들로 태어난 찰스 피니는 변호사가 되어 어느 정도 성공했으나 신앙에 커다란 회의를 느끼고 있었다. 도대체 성경이, 성 삼위일체 하나님이 사실처럼 여겨지지 않았다. 그러던 어느 날, 극단적인 회의주의자였던 그는 즐겨 읽던 법률 서적 대부분이 성경에 높은 권위를 두고 있음을 깨닫게 되었다. 그래서 자신의 법률 지식을 심화하기 위해, 또한 주변 목사들과 벌이는 논쟁에서 앞서기 위해 성경을 체계적으로 연구하기로 결심했다. 성경을 연구하면서 자기가 아는 신앙인들 사이에서 보이는 모순이 결코 성경 때문이 아님을 확신하게 되었다. 피니는 성경이 명백한 하나님의 진리임을 인정하지 않을 수 없었다. 시간이 지날수록 구원에 대한 갈망과 죄에 대한 자각이 점점 더 깊어져 갔다. 틈날 때마다 성경을 읽고 기도도 해보았으나 마음은 더욱

답답하고 괴로울 뿐이었다.

어느 날, 이른 아침 사무실로 가는데 그의 마음에 문득 이런 음성이 들려왔다. '너는 무엇을 기다리고 있느냐? 너는 하나님께 마음을 드리기로 약속하지 않았느냐? 너는 무엇을 하려고 하느냐? 너 자신의 의를 이루려고 노력하고 있느냐?' 순간 구원의 진리가 마음속에 환히 밝혀졌다. 그리스도의 사역은 이미 온전하게 이루어진 완전한 사역이며, 자신이 할 일은 단지 이제부터 죄를 끊기로 결심하고 그리스도를 받아들이는 것뿐이라는 깨달음이 왔다.

그래서 피니는 근처 숲으로 달려갔다. 구원의 문제를 완전히 해결하기 전까지 결코 숲에서 내려오지 않겠다고 결심했다. 으슥한 숲속에 앉아 기도하려고 했으나 집중할 수가 없었다. 그때 나뭇잎을 헤치며 누군가가 다가오는 것 같았다. 사실을 확인하기 위해 눈을 뜬 그는, 순간 하나님보다 사람을 의식하는 자신의 사악함과 오만함을 보았다. 그것이 바로 지금까지 자신이 하나님 앞으로 나아가는 길을 막았던 큰 죄였음을 깨달았다. 그리하여 큰소리로 부르짖으며 참회했다. 그 순간 성령이 끊임없이 밀려왔고 눈물이 한없이 흘러나왔다. 큰 평화가 그를 감쌌다.

1821년 서른 즈음, 이렇게 자아와 치열한 싸움을 벌인 끝에 피니는 하나님 앞에 무릎 꿇는 극적인 회심을 경험하였고, 그 이후로는 전혀 다른 삶을 살게 되었다. 하나님의 사랑을 온몸으로 체험한 그는 그 사랑을 모든 사람에게 전하지 않을 수 없었다. 하나님도 피니를 통하여 그분의 사랑을 풍성하게 흘려보내셨다. 피니의 회개는 곧이어 온 마을의 회개를 불러일으켰다. 변호사 생활을 그만두고 순회설교자가 되기로 결심한 그는 본격적으로 복음을 전하기 위해 신학훈련을 거쳐 설교자로 변신하게 되었다.

어느덧 피니가 가는 곳마다 커다란 부흥이 잇따르게 되었다. 그의 파격적이고 급진적인 부흥 방식은 많은 논쟁을 불러일으키기도 했으며, 여러 교단의 목사들이 그를 비판하기 위해 집회에 참석했지만, 오히려 대부분 머지않아 전폭적인 지지자로 바뀌게 되었다. 아무것도 뒤섞거나 왜곡하지 않은 성경 그대로의 복음을 강력하게 선포하는 피니의 설교를 통해 수많은 사람이 회심했는데, 피니를 연구한 이들에 따르면 50만 명 이상의 영혼이 그를 통해 그리스도께 돌아왔다고 한다. 피니의 말씀 운동에서 시작된 부흥의 움직임, 이른바 '제2의 대각성운동'으로 불리는 거대한 영적인 흐름은 뉴욕과 필라델피아, 보스턴을 휩쓴 것은 물론, 바다 건너 영국에까지 휘몰아치게 되었다.

확성기도, 대중매체도 없던 시대에 피니는 50만 명 이상을 주님 앞으로 이끌었다. 어느 통계에 따르면 그의 집회에서 회심한 사람 중 85%는 계속해서 변화된 삶을 살았다고 한다. 이는 피니가 회심한 후 하나님 앞에 온전히 변화된 삶을 위한 성화의 비밀을 사람들에게 가르쳤고, 그의 삶도 하나님의 온전한 임재 가운데 거하는 삶이었기에 가능했다. 피니의 설교를 듣던 많은 사람이 그 격렬한 어조 속에서도 하나님의 사랑을 듣고 회개하며, 그에게 배운 많은 학생이 그의 사랑 넘치는 강의를 기억할 수 있었던 것은 그가 하나님께 온전히 맡기는 삶을 살았기 때문이다.

피니의 신학은 흔히 존 웨슬리의 신학과 대비되기도 한다. 웨슬리가 하나님의 예비된 은혜를 떠나 인간의 의지로 하나님을 선택하는 것이 불가능하다는 견해를 주장하지만, 피니는 누구든지 전심으로 찾으면 더 높은 영적인 삶을 누리는 것이 가능하다고 믿었다.

그는 따로 설교 원고를 준비하지도 않았다. 매일 새벽 4시에 일어나 성경을 읽고 기도하며, 그날 집회에 필요한 성경 말씀이 어떤 것인지를 하나님께 물었다. 그날 필요한 성경 말씀을 받으면 계속 그 말씀을 묵상하고 기도하며, 하나님이 다만 자기 입을 사용하시어 성령의 인도로 회중에게 말씀하실 것을 구했다. 그는 기도하지 않고는 설교할 수 없었으며, 아무리 많은 말을 할지라도 하나님의 성령이 없이는 한 사람도 구원에 이르게 할 수 없다고 고백했다. 기도에 대한 그의 믿음은 확고했다. 피니는 성경 말씀과 약속에 근거해서 드리는 기도를 신실하신 하나님이 절대 거절하지 않으신다고 굳게 믿었다.

하나님께로 돌아온 이후 오직 하나님과 잃어버린 영혼을 위해 바친 피니의 생애는 진정한 전도자의 모습과 참 설교자상을 제시하고 있다. 또한 하나님의 약속을 굳게 믿고 간구하는 기도에서 나오는 성령의 능력이 얼마나 엄청난 것인지 잘 보여주고 있다. 그 속에서 우리는 진정한 그리스도인이라면 얼마나 깊은 기도의 영을 소유해야 하며, 개인적인 성화와 교회의 부흥, 그리고 잃어버린 영혼의 구원을 위해 어떻게 헌신하고 살아가야 하는지 배우게 된다.

1832년 뉴욕에서 목회를 시작한 피니는 오벌린대학 신학 교수로, 총장으로 섬기기도 했다. 그는 지역교회 목회자이자 신학 교수로 섬기는 와중에도 미국과 영국을 오가며 복음 전도를 계속했다. 현대 기독교 부흥운동사에 큰 획을 그은 피니는 1875년 오벌린에서 심장병으로 영적 거인으로서의 삶을 마감했다.

피니가 교회에서 목사로 사역하면서, 신학교 교수로서 강의하면서, 영국과 미국 전역을 다니면서 전한 부흥에 관한 강의들은 나중에 일련의 책으로 나와 다시 한번 부흥을 위한 커다란 밑거름이 되었다. 그의 부흥에 관한 강의들은 세계 각국어로 번역되었으며, 수많은 독자에게 새로운 영적 각성의 계기를 마련해주었다.

이처럼 훌륭한 복음 전도자이자 목회자요, 신학 교수이자 저술가였던 찰스 피니의 인생을 든든히 떠받치고 있었던 두 기둥은 말씀 생활과 기도 생활이었다. 하나님의 진리와 구원의 길로 점차 들어서게 되었던 것도 성경 읽기를 통해서였으며, 하나님 앞에 무릎 꿇는 극적인 회심을 경험하게 된 것도 어느 날 숲속으로 떠났던 기도 산책이 결정적인 계기가 되었다. 미국을 중심으로 일어난 대각성운동이라는 거대한 부흥도 사실상 찰스 피니가 실제 삶으로 보여주면서 강력하게 선포한 말씀 운동과 기도 운동의 열매에 지나지 않는다.

이 책을 통해 그와 같은 영성이 독자들에게 흘러 들어가 삶의 터전에서, 가정에서, 교회에서, 사회에서 조그만 기도의 영적 각성이 시작되어 곳곳에서 거대한 부흥의 물결이 일어나는 출발점이 되기를 간절히 소망한다.

옮긴이 임종원

"이것을 너희에게 이르는 것은 너희로 내 안에서 평안을 누리게 하려 함이라.
세상에서는 너희가 환난을 당하나 담대하라. 내가 세상을 이기었노라" (요 16:33)

:
:

하나님과 친밀해지는 방법을 터득하라

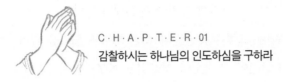

하나님이여 나를 살피사 내 마음을 아시며 나를 시험하사 내 뜻을
아옵소서. 내게 무슨 악한 행위가 있나 보시고 나를 영원한 길로 인
도하소서. 시편 139:23-24.

이 말씀은 하나님의 전지전능하심에 관한 생생한 경험으로 드린 놀
라운 기도이다. 이 기도는 특히 사람들이 영적인 어둠에 빠져 있거
나 영적인 것들에 대해 낮고 희미한 개념을 가지고 있을 때 더욱 필
요하다. 그러니까 각 사람은 그것을 바로 잡을 수 있도록 원인을 찾
아내야 한다. 그것은 분명히 무엇인가가 하나님으로부터 당신 영혼
을 분리시켜 멀어지게 하고 있기 때문이다. 이럴 때 당신은 이와 같
은 기도로 끊임없이 기도하는 일에 자신의 초점을 맞추어야 한다.

영적으로 둔감한 상태에 빠진 사람은 자신을 감찰해 달라고 하나님께 부르짖어야 한다. 만약 진리의 능력에 둔감해져 있다면 당신은 그 원인을 찾아야 하며, 그것을 분별할 수 있을 때까지 노력을 멈춰서는 안 된다. 만약 당신이 그 원인을 찾으려고 몸부림치지 않는다면 당신은 절대 하나님을 발견하지 못할 것이다.

만약 마음이 어떤 죄책감에 짓눌리고 있다면, 그런데도 그것이 어디에서 일어난 일인지 명확히 깨닫지 못하고 있다면 전체적인 문제를 밑바닥까지 철저히 감찰받을 때까지 그냥 편안하게 지내서는 안 된다. 흔히 사람들은 오랜 시간 자기 영혼에서 죄책감을 느끼면서도 특별한 원인을 찾아내지 못한다. 하나님의 성령이 사람들을 철저히 감찰하시지 않는다면 그 원인을 제대로 깨닫지 못할 것이다. 그러므로 그분의 감찰하시는 능력이 임하도록 하나님께 강하게 부르짖어야 한다.

하나님께 나아가려고 시도하지만 그런 접근이 거부된다는 사실을 발견하고 더욱더 애써도 하나님을 발견할 수 없을 때, 기도가 막히면서 땅에 떨어지고 결단코 하나님을 향하여 올라가지 못할 때 당신은 왜 하나님의 문이 당신을 향해 닫혀 있는지 물어봐야 한다. 은혜의 보좌로 나아가려고 몸부림칠 때 왜 당신이 거기에 접근할 수 없는지 물어봐야 한다. 그리고 하나님께 당신을 감찰해 달라고 간절히 기도해야 한다.

당신에게 기도의 영이 없을 때 그 원인이 어디에 있는지 마음을 감찰해 달라고 하나님께 간구해야 한다. 당신에게 축복이 필요하다는 것을 알지만 하나님께로 나아가려는 영적 의지가 없으며, 하나님께로 나아가 간절히 기도하면서 그와 같은 축복을 받으려는 열정을 느끼지 못할 때 하나님의 성령이 허락하시는 감찰의 은혜를 달라고 부르짖어야 한다.

기도로 우리 마음을 이끌어오기 위해서는 굉장한 수고가 필요하다. 그러나 이것이 자발적으로 자연스럽게 이루어지기보다는 노력이라는 대가를 지불해야 할 때 당신의 마음에서 기도하지 않고 있다는 사실을 분명히 깨닫게 될 것이다. 기껏해야 입술로 기도할 뿐이다. 자신이 그런 상태에 놓여 있다고 생각한다면 시편 139편 23~24절의 기도와 같은 예비 기도에 의지하여 하나님께 나아가야 한다. 당신의 마음이나 삶에서 저지른 온갖 무시무시한 잘못을 모두 보여주시도록 하나님의 은혜를 간절히 구해야 한다. 우리 가운데에도 이 같은 상태에 처한 사람이 있을지 모른다. 어떻게 해서 이런 일이 일어날 수 있는지, 왜 그런 일이 일어나는지를 자신에게 물어봐야 한다.

그와 마찬가지로 기도가 하나님을 설복하지 못하고 있다면 무엇이 하나님 앞에서 당신의 기도를 가로막고 있는지 반드시 물어봐야 한다. 당신은 자신 안에 잘못된 무엇인가가 자리 잡고 있다고 추측할 수 있다. 그러나 하나님은 아무런 잘못도 없으며 약속을 잊지도 않으셨다.

이와 같은 기도를 드릴 수밖에 없는 또 다른 이유는 선을 행하려는 노력에서 당신이 그다지 성공을 거두지 못하고 있기 때문이다. 이럴 때 당신의 영혼은 일어나 하나님께 강하게 부르짖어야 한다. 왜 아무리 노력해도 하나님의 은혜가 허락되지 않는지, 왜 아무리 노력해도 하나님의 선을 행할 수 없는지 자신을 감찰해 달라고 하나님께 기도해야 한다. 그렇지 않다면 당신은 절대 선을 행하지 못할 것이다. 어떻게 자신을 스스로 돌아보지 않고서 하나님의 선을 행할 수 있겠는가!

감찰을 요청하는 기도는 말씀(성경), 신앙적인 진리, 그리고 복음적인 수단을 제대로 누리지 못하고 있을 때 마땅히 드려야 한다. 당신 영혼에 성경 말씀이 소중하게 여겨지지 않을 때, 당신 영혼에 말씀이 간절하게 다가오지 않을 때 무엇인가 길을 가로막고 있다. 하나님의 성령이 슬퍼하고 계신다면 그 원인을 찾아내기 위하여 깨어 있어야 한다. 그 상태는 그리스도인에게 그다지 자연스럽지 못하다.

사실상 성령으로 충만하지 못할 때라면 언제든지, 왜 그런지를 마땅히 물어보아야 한다. 당신이 성령으로 충만하지 못한 데는 분명히 그럴 만한 이유가 있다. 그 이유를 찾아내는 것은 당신에게 맡겨진 마땅한 의무이다.

우리 영혼과 하나님 사이를 연결하는 통로가 명확하지 않을 때, 하나님의 햇빛 아래 서 있기보다는 하나님과 당신 영혼 사이를 아주 두꺼운 구름이 확실히 가리고 있을 때, 하나님과 마음대로 자유롭게 친교를 나눌 수 없을 때 당신은 이처럼 위험한 상황에 대하여 생생하게 깨어 있어야 한다. 만약 당신의 믿음이 연약하며, 마음속에서 진심 어린 능력으로 하나님과 구원에 관한 위대한 일들을 굳게 붙잡고 있지 못하다면 무엇인가가 잘못된 것이다. 그리고 그것을 감찰받지 않은 상태로 가만히 내버려 두어서는 절대 안 된다. 그런 상태에서 영적인 삶을 지속한다면 당신 영혼은 죽어가고 말 것이다.

왜 우리에게는
하나님의 감찰하심이 필요한가?

많은 사람이 자신에게 성령이 필요하다고 생각한다. 그것은 자신의 신앙생활에 무언가 부족함이 있다고 느끼기 때문이다. 그러므로 우리는 절대 하나님께 나아갈 수 없으며 오직 하나님만이 우리에게 다가오실 수 있다. 하나님의 도움이 필요한 상태란 도움이 없으면 아무것도 할 수 없는 그런 성격을 지녔다. 자, 이제 우리가 스스로 자신을 살펴본다면 그런 도움이 필요한 이유가 전적으로 자신에게 있다는 사실을 깨닫게 될 것이다. 그 이유는 논의를 진행하다 보면 점차 드러날 것이다.

편견과 실수 때문에
하나님의 감찰이 필요한 이유는 여러 가지 판단에 영향을 미치는 편견이나 실수 때문이다. 사람은 어떤 경우에 관하여 일방적인 여론을 받아들인다. 심지어 부정직한 편견의 영향력 아래서 더욱 그렇게 한다. 왜냐하면 여러 가지 유혹받는 상황에서 우리는 어떤 경우에 대해 편파적이고 일방적인 관점만을 나타내는 여론을 받아들이기가 쉽기 때문이다. 그러면서도 이와 같은 사실을 깨닫지 못한다.

우리 마음은 현존하는 여러 관점 아래 움직이지만 이러한 관점만 있고 다른 관점이 우리 안에 존재하지 않는 이유는 오직 편견 때문이다. 그런 마음은 온전히 정직하지 않은 상태이다. 그러니까 각종 여론은 편견 아래 있는 사람들로 말미암아 형성된다. 그런데 여론을 형성하는 사람들은 자신의 편협한 생각을 모르고 있다. 그럴 때 간절히 기도하여 하나님이 자신의 편견을 드러내 달라고 간구해야 한다. 하나님의 도우심으로 그분께 자신을 온전히 내던져야 한다.

사람은 그릇된 기준에 따라 자신을 정당화하기 쉬우므로 언제나 성령이 필요하다. 어떤 마음을 품기 전에 율법과 복음에서 요구하는 사랑을 갖지 않는다면 하나님의 규례가 아니라 사람의 규칙에 따라 자신을 판단하게 될 것이다. 만약 황금률의 조명 아래 자신을 비춰 본다면, 다른 모든 관계에서도 아내와 자식에게 보여주는 사랑을 요구한다면 그는 머지않아 자기 실수를 똑바로 바라보게 될 것이다.

그러나 사람들은 황금률을 정직하게 적용할 의지가 별로 없는 것 같다. 둘 다 잘못한, 그러나 아마도 각자 자신을 합리화하는 두 사람

사이에서 발생하는 어려움을 바라보면서 당신은 그들이 복음적인 사랑에 대한 그릇된 기준을 가지고 있다는 사실을 알게 될 것이다. 당신은 두 사람 모두 잘못이라는 사실을 쉽게 깨닫게 될 것이다.

나는 그릇된 관점으로 나를 판단하는 데서 저지르는 실수로 말미암아 자주 충격을 받는다. 심지어 원수를 위해서도 목숨을 바칠 수 있었던 예수 그리스도의 정신을 소홀히 여기면서 망각하게 된다. 그와 같은 빛 아래서 바라보기보다는 전혀 다른 관점을 갖는 경향을 보이기 때문에 나에게는 성령이 너무나 절실히 필요하다는 사실을 깨닫게 된다.

감정이 눈을 어둡게 하기 때문에

우리는 자주 감정 때문에 눈이 어두워진다. 이러한 감정은 우리의 견해에 놀라운 영향력을 발휘한다. 감정이 지성을 조종하도록 가만히 내버려 두게 되고, 그래서 이것은 의지를 통제하게 된다. 결국에는 흥분된 감정 탓에 눈이 멀어 잘못을 저지르게 된다.

때때로 사람들은 이렇게 말한다. "다른 사람들로부터 너무나 많은 시험과 학대를 받았기에 우리는 그렇게 흥분할 만한 충분한 이유가 있습니다." 그러나 사람은 양심의 정죄를 받을 때 결코 만족을 느낄 수 없다. 그런데도 여전히 계속해서 자신을 눈먼 상태로 유지하는데, 그러니까 앞서 언급한 사람들의 변명은 실제로 전혀 변명이라고 할 수 없다. 우리에게 상처를 입힌 사람들에게 정당하게 상처를

줄 수 있다고 주장하면서, 다른 사람이 먼저 잘못을 저질렀기에 자기도 그릇된 일을 할 수 있다는 식으로 자기를 합리화하는 것은 소용없는 짓이다. 이런 기만적인 자기만족 상태야말로 하나님의 성령으로 철저히 감찰받아야 한다.

하지만 한 가지 특성이 자주 간과된다. 흔히 자신을 학대받은 주체라고 여기는 사람은 강한 경계심을 드러내면서 그런 특성을 고수하려고 한다. 그러나 또 다른 사람들이 학대당할 때 이들은 그런 잘못에 저항하고 물리치려는 것이 옳다고 생각하면서도, 누군가 자기 잘못을 목표로 삼아 공격하려고 할 때는 곧장 정죄하려는 영적 상태로 나아간다는 것이다. 이때 사탄은 그들을 공격할 만한 굉장한 기회를 잡게 된다.

흔히 이런 식으로 사람은 자기도 모르는 사이에 그릇된 영적 상태로 빠져든다. 사람들은 하나님과 관계가 단절된 상태임을 발견하고 그 이유를 묻기 시작한다. 그러면서 이렇게 말한다. "그때 굉장히 흥분한 상태였던 것으로 기억해요. 거기에는 그럴 만한 이유가 있었어요." 이처럼 스스로 자신을 합리화해서 하나님의 마음을 슬프게 하지 않도록 조심하라! 당신이 감정에 눈멀어 죄짓는 것을 스스로 합리화할 때 사탄은 당신을 공격할 만한 최고의 기회를 잡게 될 것이다. 이럴 때 당신은 곧바로 골방으로 들어가 하나님의 성령으로 자신을 감찰해 달라고 기도하라. 이때가 곧 기도할 때다.

자주 망각하기 때문에

우리는 기억하고 싶지 않은 일을 잊어버리는 습관을 기른다. 그런 식으로 우리를 인도하는 어떤 영향력 아래서 굳이 무엇인가를 기억하려고 애쓰지 않는다. 하나님은 "사람은 자신이 저지른 죄를 내가 모조리 기억하고 있다고 생각하지 않는구나"라고 말씀하신다. 그러므로 당신이 이렇게 부르짖는 것이 마땅하다. "오, 주님! 이게 어떻게 된 일입니까?" 우리에게는 자신의 행위를 기억하도록 일깨워 주는 어떤 특별한 섭리나 어떤 형태의 신적인 발표가 필요하다.

사람은 흔히 어떤 그릇된 원리나 추정된 사실 아래서 자신을 보호하려고 한다. 이 두 경우 모두 충분히 살펴보지도 않은 채 그것들을 사실로 받아들인다. 일단 그 원리나 사실을 한 번 채택한 다음에는 그 마음에서 모든 것을 있는 모습 그대로 정확히 볼 수 없게 된다. 이렇게 제대로 볼 수 없다는 것은 그렇게 되도록 우리의 의지가 나름대로 영향을 끼쳤기 때문에 사실은 커다란 죄악이다. 그러니까 눈먼 사람은 잘못의 바다에 풍덩 뛰어들어 자기 의지가 무성하게 자라날 때까지 계속해서 그런 방향으로 나아가게 되는 것이다.

흔히 사람은 자존심으로 말미암아 눈멀게 된다. 자신에 대하여 마땅히 가져야 하는 것보다 훨씬 더 나은 견해를 갖는다. 그래서 자신의 그릇된 행위를 과소평가하고 올바른 행위를 과대평가한다. 이로 말미암아 당연히 어둠의 나락으로 떨어진다. 실제로 자기중심적인 증세가 때로는 일종의 정신이상 수준에까지 이른다. 마음이 한결같이 자신만을 의지하기에 자아와 관련된 어떤 것을 결코 올바른 조명 아래서 바라볼 수 없게 만드는 자기중심적인 정신이상 증세를 보이게 되는 것이다.

이와 같은 정신이상 증세는 불행한 일이기는 하지만 그것이 범죄는 아니라는 말에 내포된 의미를 나로서는 쉽게 인정하기 어렵다. 왜냐하면 분명히 그것은 책망할 만한 죄악에 탐닉하는 자존심으로부터 점차 자라나는 커다란 범죄이기 때문이다. 이 자존심은 우리 마음에서 뿌리 뽑기가 굉장히 어렵다. 하나님이 우리 눈을 열어주기 위하여 개입하시고, 올바른 조명 아래서 우리 마음이 밝히 드러나도록 역사하시지 않는다면 그러한 자존심에는 거의 아무런 소망이 없다.

또한 사람은 자기의 이해관계 때문에 수없이 눈멀게 된다. 어떤 재판에 이해관계가 걸려 있는 사람이라면 법정에서 증인이나 배심원으로 허용되지 않는다는 사실을 잘 알고 있을 것이다. 재판에 개인적인 이해관계가 걸려 있는 사람이라면, 심지어 판사라도 아마 재판과정을 방청하는 것조차 허용되지 않을지도 모른다.

나는 어떤 소송사건에 관해 상담하면서 자기 의견을 피력했던 한 판사를 알고 있다. 그런 일이 있고 나서 재판이 진행되었는데, 바로 그 사건이 항소법원에서 그 판사에게 배정되었다. 하지만 그는 앞선 상담으로 갖게 된 견해 때문에 재판이 편향될지도 모른다는 이유로 그 사건을 맡지 않기로 했다.

흔히 사람들은 이와 같은 위험성을 간과하고 어떤 죄에 깊숙이 연관되어서 이해관계라는 명백한 영향력 아래 선택한 것을 합리화하기에 급급하다. 그럴 때 도대체 어떻게 사람들이 "오, 나의 하나님이시여! 내 마음을 열어주사 주님의 빛이 비취게 하소서! 내 죄로 말미암아 죽지 않도록 나를 인도해주소서"라고 하나님 앞에서 간절히 부르짖을 수 있겠는가!

사람에 대한 두려움과 사랑 때문에

우리에게는 사람에 대한 지나친 두려움이나 사랑으로 말미암아 눈이 머는 경우가 있으므로 자주 하나님의 빛이 필요하다. 창조주보다 피조물을 더 많이 두려워하거나 사랑하는 것은 우리가 길을 잃고 헤매게 한다. 나는 자기 교인 가운데 몇몇을 두려워하거나 사랑하는 바람에 길을 잃고 헤매게 됨으로써 하나님과 사람을 향한 영향력을 잃어버린 목회자의 이름을 얼마든지 거명할 수 있다. 이들의 기도는 마치 시체처럼 싸늘했으며, 굉장히 중대한 도덕적인 질문에 관한 견해는 하나님의 지혜로운 충고를 따르지 않는다는 사실을 분명히 보여주었다.

흔히 사람은 엄연한 사실보다 더 과장하여 기도로 고백하는 습관에 빠져든다. 때때로 사람들은 그러지 말아야 한다는 사실을 알면서도 계속해서 자칭 그리스도인이라고 고백한다. 왜냐하면 도무지 그럴 마음이 없기 때문이다. 그들이 자기도 이웃만큼 착하다고 항변하면서 스스로 변명을 늘어놓을 수도 있지만 하나님 앞에서 이런 변명은 아무 소용이 없다. 그들은 틀림없이 커다란 어둠의 나락으로 떨어질 수밖에 없다. 많은 목회자가 온갖 형태의 종교 행위를 계속하지만 돌같이 단단히 굳은 마음으로 교리만 선포함으로써 하나님 앞에서 위선과 기만을 일삼고 있다.

때때로 사람들은 이와 같은 영적 상태에서 직분을 수행하며 하나님과 교회 앞에서 근엄한 자세를 유지하기도 하지만 어떤 것도 진실한 직분자의 영적 상태는 아니다. 어떤 사람은 아무리 세월이 흘러도 계속해서 이와 같은 태도를 고수하기 때문에 결국 자기 영혼을 완전히 망치고 만다. 독실한 신자인 체하면서도 이기적이며 깊은 잠에 빠져 있어서 입을 열었을 때 결코 자기 영혼에서 살아 있는 불길 같은 감정을 토해내지 못한다. 그러므로 차갑고 형식적이며 사변적이고, 시체처럼 하나님과 아무런 교제도 나누지 못하는 사람은 하나님께 간절히 부르짖어야 한다. "오, 나의 힘이신 하나님이시여! 나를 버리지 마소서. 내 안에 잘못된 것이 자리 잡은 게 분명하오니 그것이 무엇인지 나에게 알려주소서! 모든 것이 훤히 드러날 때까지 샅샅이 나를 감찰해주소서!"

다른 사람의 죄악에 쉽게 동참하기 때문에

우리는 자신보다 다른 사람의 죄악에 너무나 쉽게 동참한다. 그러므로 시편 기자의 기도처럼 하나님의 감찰하심이 우리에게 더욱 절실히 필요하다. 우리는 이처럼 거대한 위험에 빠져 있다. 특히 다른 사람의 죄악 때문에 괴로워하고 있다면 말이다. 그러면서 우리 스스로 나쁜 마음 상태로 점점 빠져들게 된다. 사실상 하나님에게서 멀리 떠나감으로써 점점 더 커다란 위험에 빠져드는 것이다.

흔히 사람들은 설교 말씀을 듣고 개인적으로 자신에게 적용하지 않기 때문에 이것이 하나의 습관으로 자리 잡는다. 사람들은 진리가 자기 마음을 진솔하게 드러내도록 가만히 내버려 두지 않으면서 오히려 다른 사람을 쳐다본다. 이제 하나님이 내려오셔서 그들을 낱낱이 감찰하시지 않는다면 이들은 결단코 생명과 사랑을 다시금 회복하지 못할 것이다.

그런 영적 상태에 머물러 있는 사람은 단지 문자적으로만 말씀에 의지하기가 굉장히 쉬우며, 실제로 거기에 순종하지 않으면서도 단지 진리를 붙잡고 있는 것으로 만족한다. 옛 유대인도 바로 이 걸림돌에 걸려서 넘어졌다. 그들은 자신의 위험성을 제대로 깨닫지 못하고 있었다. 왜냐하면 유대인들이 붙잡고 있는 진리가 실제로 매우 소중할 수도 있지만, 만약 이 진리가 유대인들에게 별다른 영향을 끼치지 못하고 자꾸 몰아세우기만 했다면 그것은 매우 나쁜 일이었기 때문이다.

자기 양심의 인도를 따르지 않기 때문에

자기 양심의 인도를 제대로 따르지 않는다면 그 양심은 너무나 쉽게 무뎌지므로 하나님의 감찰하시는 성령이 필요하다. 점차 양심의 영역에서 아무것도 보지 못하기 때문에 오히려 결과적으로 모든 것이 확실히 올바르다고 생각하게 된다. 그래서 하나님이 일어나셔서 그들을 철저히 감찰하시지 않는다면 분명히 멸망으로 치닫고 말 것이다.

사람은 양심상 자책감을 느낀다. 그런데 이런 자책감을 느끼지 못한다면 모든 것이 잘되고 있는 것처럼 여기게 될 것이다. 그러므로 사람이 자신의 실제적인 처지를 제대로 살피지 못한 채 오랫동안 엄청난 죄악을 저지르면서 살아간다는 것은 전혀 이상한 일이 아닌게 된다. 이처럼 눈먼 상태에서 살아가기 때문에 하나님과의 교제를 상실하게 되고, 결국 하나님의 감찰하시는 성령을 보내달라고 강력하게 부르짖기 위하여 일어서지 않는다면 별다른 소망이 없게 된다.

사람은 불신앙(unbelief)의 죄를 간과하기가 아주 쉽다. 아마도 그것을 불신(disbelief)과 혼동하고 있을지도 모른다. 그러니까 불신 가운데서 진리를 부인하고 있다는 사실을 의식하지 못한 채 불신앙 가운데서 진리의 능력에 저항하는 것을 죄가 아니라고 섣불리 단정한다. 실제로 사람은 하나님의 진실하심에 그다지 신뢰를 두지 않는다. 또한 그보다 더 심각하게 자신의 온갖 필요에 따라서 공급하시는 하나님의 은혜에 대하여 절실하게 하나님을 신뢰하지 않는다. 이럴 때 우리는 오직 하나님의 감찰하시는 성령으로 말미암아 이 같은 함정에서 벗어나 회복되어야 한다.

흔히 사람은 양심에 대한 의지의 역할을 오해하고 있다. 그래서 자기 양심이 무뎌지면 의지의 힘이 세진다고 생각하여 의지가 온갖 양심의 기능보다 더 많은 일을 할 수 있다고 여긴다. 만약 양심이 건강한 상태라면 그 둘 사이를 쉽게 구분할 수 있을 것이다. 그러나 오직 의지만이 적극 활약 중이라면 거룩하신 성령으로 말미암아 자기 눈이 철저히 열리도록 해야 한다. 또한 의지와 양심 사이를 차별하지 않도록 주의해야 한다.

기억과 상상을 혼동하기 때문에

많은 사람이 기억과 상상을 혼동한다. 미심쩍은 행위를 저지르면서 그에 관해 핑곗거리로 삼을 만한 것을 떠올리게 되는데, 그다음부터 실제로 그렇다고 생각하는 쪽으로 자신을 몰아간다. 이런 상황은 상상을 통해서 펼쳐지고, 그다음엔 간단한 기억영역에서 마땅히 붙잡고 있어야 하는 것으로 여긴다. 사람은 이와 같은 기만을 제대로 의식하지 못할 가능성이 아주 크기에 계속 죄를 저지르면서 그렇게 행동하는 자기 죄를 그냥 덮어두려고 애쓴다.

하나님이 그에 관해 제대로 이해시키지 않는다면 사람들은 상황을 점점 더 악화시킬 것이다. 그리하여 심지어 모든 것이 제대로 돌아가고 있다고 생각하면서도, 한편으로 두려운 마음으로 걱정하면서 하나님에게서 멀어지게 된다. 그러나 만약 그리스도인의 경험에서 아무리 단순한 시험이라도 자신에게 정직하게 적용하기만 한다면 전적으로 타락한 신앙의 밑바닥에 내려와 있는 자신을 발견하게 될 것이다.

사람은 별로 가치 없는 것을 중요하게 생각하기가 쉽다. 흔히 사람들은 하나님이 요구하시는 정신을 조금도 담고 있지 않은 율법의 문자에만 얽매여서 무슨 일을 해나가는데, 이는 그냥 겉으로만 순종하는 척하는 것에 지나지 않는다. 그러니까 사람들이 율법의 문자에 따라 순전히 종교적인 모임에 참여하기는 하지만 하나님을 예배하는 마음이 전혀 없으며, 하나님을 기쁘시게 하는 경외심도 전혀 없다.

그러므로 이런 행위를 일삼는 영적 상태에서는 모든 것이 빠져 있다. 그것이 아니라면 자선을 베풀어야 하는 대상에게 물질을 주기는 하지만 마지못해 인색한 마음이나 이기심으로 가득한 채 그렇게 행동하는 것이다. 그러니까 하나님이 아주 싫어하는 영적 상태에서 그렇게 행동하는 것이다. 만약 그런 섬김을 소중하게 여기는 사람이라면 아주 심각한 실수를 범하는 것이며, 그런 상황을 제대로 바라볼 수 있도록 자기 눈을 열어주시는 하나님의 성령이 절실히 필요하다.

부정직과 위선을 대수롭지 않게 생각하기 때문에

흔히 사람은 부정직과 위선을 대수롭지 않게 생각한다. 그래서 하나님이 이루 다 말할 수 없을 정도로 역겹게 생각하시는 기도를 계속한다. 사람들은 언제 어떻게 그랬는지도 제대로 기억하지 못한 채 성령께 저항하면서 그분을 슬프게 하여 멀어지게 만든다. 대개 어떤 시점까지는 하나님과 동행하는 삶을 살아왔다. 그러다가 어느

시기부터는 하나님과 동떨어지게 됨으로써 곧바로 현실을 제대로 직시하지 못하고, 연이어 하나님이 떠나신 이유를 제대로 바라보지 못한다.

그런데 분명한 사실은 성령이 어느 시점부터 의무를 다하도록 촉구하셨지만 사람이 그냥 거기에 반항했을 뿐이라는 것이다. 그리하여 생명력과 평안을 놓치고, 그런 식으로 계속 나아가다가 다른 것에 너무나 많은 관심을 보인 나머지, 하나님이 자신에게서 떠나셨다는 사실을 직시하지 못하게 된 것이다. 그러한 상태에 빠진 인간의 유일한 도움은 우리를 감찰하시는 하나님의 성령을 보내달라고 하나님께 부르짖는 것이다.

여러 가지 기도의 조건을 충족시키는 데 실패하기란 아주 쉽다. 결과적으로 의심하기 시작하고 굉장히 실망하게 된다. 자녀를 위해 기도하는 부모조차 그런 조건을 만족시키지 못하고, 결국 하나님의 축복된 약속을 제대로 활용하지 못한다. 그러한 사람에게는 자신을 올바로 바라보기 위하여 하나님의 감찰하시는 성령이 절실히 필요하다.

어떤 사람은 자기 죄악에 대하여 변명을 일삼기 때문에 하나님과 다투고 있다. 사실상 어떤 죄에 대해 변명을 일삼고 있을 때 왜 자신이 그런 식으로 느끼는지 알아내고는, 얼마나 많은 사람이 끔찍할 정도로 괴로워하고 고뇌하면서 염려했던가!

때때로 사람은 실제로는 그렇지 않으면서도 하나님께 충분히 성별되었다고 생각한다. 마치 라헬의 경우처럼 여러 가지 조그만 우상이 사람들에게 여전히 숨겨져 있다. 가령 반지나 핀처럼 그것이 아무리 작더라도 자신의 것으로 여전히 남아서 하나님의 제단에 온전한 마음으로 올려드리지 못한다면 그것이 우리를 하나님께 성별해서 드리지 못하게끔 방해할 것이다. 그러면 우리는 풍성하게 열매 맺는 가지가 아니라 앙상하게 마른 줄기에 지나지 않는다. 기도하면서도 하나님을 든든히 붙잡고 있을 수 없게 된다.

참된 성별은 온 마음이 성령으로 충만하며 이처럼 충만한 마음으로 진실한 감정을 쏟아내면서 풍성한 영적 삶을 드러내야 한다. 만약 이러한 증거가 부족한 사람이라면 이렇게 질문을 던질 필요가 있다. "오, 나의 하나님 아버지여! 정말로 내가 주님께 성별 되었는지, 아니면 속고 있는 것인지 저를 감찰하셔서 말씀해 주옵소서!"

사람들은 그냥 죄를 덮어두려고 하거나 그것을 고백해야 한다는 확신이 들 때조차도 거부하는 자세를 취하면서 커다란 위험에 빠진다. 이러한 이유로 그들은 커다란 영적인 어둠에 빠져들게 된다. 때때로 사람은 그것을 제대로 의식하지 못한 채 원한을 숨기고 있다. 타인에게 악을 끼치는 것을 아주 싫어하면서도, 다른 한편으로 누가 그렇게 하든지 상관없이 그 사람에게 그런 일이 일어나기를 훨씬 더 기꺼운 마음으로 바라기도 한다. 정말로 나쁜 감정이 도사리고 있는 셈이다. 이런 마음 상태는 하나님으로부터 너무나 멀어져 있어서, 시편의 간구처럼 "우리에게 빛을 달라"고 간절히 하나님의 감찰하

심을 구해야 한다. 그러지 않으면 절대 하나님과의 관계가 회복될
수 없다.

감찰해 달라는 우리의 기도에
하나님은 어떻게 응답하시는가?

우리가 똑바로 바라봐야 하는 것에 대해 하나님은 직
접 주의를 환기하실 것이다. 하나님은 그분의 성령을 통하여 그렇게
하실 것이다. 놀라운 능력으로 하나님 말씀 속에 담긴 진리를 제시
하면서, 우리 마음을 가장 잘 감찰하시는 방식으로 그 진리를 적용
하실 것이다. 그와 같은 빛을 비추는 것은 그냥 성경책 자체가 아니
라 성경에서 말씀하시는, 성경을 통하여 말씀하시는 하나님의 거룩
한 성령이시다.

주님을 믿는다고 순종하면서 그리스도인의 삶 속으로 들어왔던
어떤 여인은 너무나 많은 시험을 당하는 바람에 마침내 이렇게 고백
하였다.

"이보다 더 나은 삶을 이어갈 수 없다면 모든 신앙고백을 포기하
고 그리스도인의 삶을 살아가기 위한 몸짓을 모두 단념해야겠어요."

그때까지만 해도 이 여인은 그리스도를 통하여 구원을 발견할
수 있다는 사실을 체험을 통해 제대로 깨닫지 못했었다.

그러나 바로 이 무렵, 이 여인의 마음에 성화에 관한 교리가 생생하게 다가왔고, 성화를 위한 섭리가 필요하다 느끼고 있었다. 그 당시에는 이것이 자신에게 바람직한 구원을 가져다줄 것으로 소망하면서 단지 이론적으로만 성화를 받아들였다. 그래서 결국 실패했고 자신이 충실히 성화 교리를 실천하지 못해서 그렇다는 설명을 듣고는 성화를 단념할 참이었다.

이 여인을 가장 많이 괴롭히면서 끈질기게 따라다녔던 죄악 가운데 하나는 자기 성질이었다. 하지만 이 여인은 그것을 깨닫지 못하고 있었다. 단지 성화를 이론적으로만 받아들이다 보니 삶 속에서 자신의 기질을 버려야 한다는 사실을 모르고 있었다. 그러나 이 여인은 성화를 포기한 그 순간에 이 성질을 극복하기 위해서는 하나님의 은혜가 있어야만 한다는 사실을 서서히 바라보기 시작했다.

바로 이와 같은 위기를 겪고 있을 때 가정예배를 드리던 남편이 "이것을 너희에게 이르는 것은 너희로 내 안에서 평안을 누리게 하려 함이라. 세상에서는 너희가 환난을 당하나 담대하라. 내가 세상을 이기었노라"(요 16:33)는 말씀을 읽게 되었다. 이 말씀이 그녀의 영혼을 감동하게 했다. 그래서 이렇게 소리쳤다.

"그래, 내 성질은 죽었다. 은혜를 통하여 내 성질은 정복되었다. 내가 승리를 거두었다!"

여러 해 뒤 그녀는 이렇게 고백했다.

"그 시간 이후 내 안에서 성결하지 않은 성질이 올라온 적은 단한 번도 없었어요. 이제는 그런 죄악에 굴복된다는 생각은 전혀 하지 않게 되었어요."

흔히 하나님은 그분의 섭리를 통하여 도우심으로써 그와 같은 결과를 가져오신다. 우리 바깥에서 이루어지는 섭리와 우리 안에서 역사하시는 성령의 도우심으로 말이다. 이것들은 이전에는 절대 목격하지 못했던 것을 우리 마음에 드러내 보인다.

바로 지난겨울에 어떤 여인은 깊은 절망감에 빠져 자기 친구들이 자신을 죽일 것 같은 생각에 두려웠다고 고백했다. 마침내 하나님의 섭리를 통하여 문제가 무엇인지 똑바로 바라보게 되었다. 남편이 그리스도를 받아들이기 싫어한다는 것 때문에 이 여인은 분노하고 있었다. 하나님을 향한 열정이 너무나 충만한 나머지 오히려 자신의 커다란 죄악을 올바로 깨닫지 못하고 있었다. 마침내 하나님은 남편이 회심하도록 도와주셨다. 그런 다음에야 비로소 남편과 자신을 분리하면서 죄를 지을 정도로 분노하고 있었다는 사실을 깨닫고, 그 마음이 깨어져 통회하게 되었다. 그 영혼이 하나님의 구원으로 말미암은 기쁨을 회복하게 된 것이다.

＊ ＊ ＊ ＊ ＊

우리는 시편 139편 23~24절과 같은 기도를 올려드리면서 하나님의 거룩하신 감찰에 저항하지 않도록 주의를 기울여야 한다. 하나님이 어떤 단을 쓰시든지 간에 당신 편에서 아무런 저항도 받지 않으면서 그분이 계속하실 수 있도록 해야 한다. 우리에게 감찰받는 과정이 가장 절실히 필요할 때 그 과정에 저항할 위험성이 가장 커지기 때문이다.

일단 시작했다면 그 과정이 밑바닥에까지 충분히 이르도록 기도하면서 자기를 감찰하는 것을 멈추지 않도록 주의를 기울여야 한다. 평화와 능력으로 가득한 영혼을 되찾을 수 있을 때까지 멈추지 말아야 한다. 그리하여 어디에서든지 그런 모습을 보여줄 수 있어야 한다.

우리는 하나님이 빛을 드러내시는 것처럼 빨리 그 빛을 잘 활용해야 한다. 많은 사람이 결심하고 기도를 시작하지만 전체를 볼 수 있을 때까지 회개와 개선을 미룬다. 모든 것이 확실하게 드러난 뒤에야 비로소 회개하고 개선하기 시작한다. 또한 확실히 축복을 보고 난 뒤에야 비로소 여러 가지 조건을 채우려고 한다. 그러면서 이렇게 말한다. "저에게 축복을 주세요. 그러면 회개할게요." 이것은 하나님을 대하는 방법이 전혀 아니다. 우리는 모든 부정행위를 발견하는 대로 가능한 한 빨리 그것을 내던져버려야 한다.

하나님께 자신을 감찰해 달라고 기도할 때 자신을 감찰하기 위하여 온갖 적합한 방법을 기꺼이 활용해야 한다. 만약 그렇게 하지 않는다면 그것은 정직한 마음으로 축복을 바라지 않는다는 뜻이다.

여러분 가운데 어떤 사람은 오랜 세월 살아오면서 수많은 재충전 과정을 거쳐 왔을 것이며, 자기 유익을 위하여 계획된 섭리와 은혜를 전달하는 수많은 대리자가 있었을 것이다. 그러나 이제 당신은 책임감을 완전히 내던진 것처럼 보이며, 하나님으로부터 멀리 떠나 방황하는 것처럼 보인다. 그렇기에 절실하게 하나님 앞에서 자기 마음을 열고 하나님이 베푸시는 은혜와 진리의 빛에 모든 것을 드러낼 필요가 있다. 많은 신앙적인 활동 중에서 어떤 것이 아주 이상한 방향으로 흘러가고 있다면 그것은 굉장히 슬픈 일일 것이다. 자기 죄에 온 마음을 집중하는 전반적인 각성이 필요하다.

여러분 가운데 얼마나 많은 사람이 일주일마다, 또는 한 달마다 주기적으로 자신의 영적 상태를 평가하는 습관을 지니고 있는가? 자신의 현재 위치가 어디인지, 그리고 위험에서 벗어나 한가롭게 해안을 따라 나아갈 수 있는지 알아보기 위해서 말이다. 바람과 물결을 따라 뱃머리 아래에서 포효하면서 부서지는 파도 소리를 들으며 해안으로 전진하면서 말이다.

그러므로 하나님이 당신을 샅샅이 감찰하셔서 드러나지 않은 것이 하나도 남지 않도록 주의하라. 하나님이 당신의 주변에 있는 모든 사람을 각자의 필요에 따라 감찰해 달라고 기도하라. 다른 무엇보다도 이런 과정이야말로 불신자들이 모든 그리스도인에게서 볼 필요가 있는 광경이다. 우리 각자는 모든 사람이 알아보고 읽을 필요가 있는 그리스도의 편지이다. 이럴 때라야 비로소 복음이 영광을 누리게 될 것이며, 복음의 진리가 더욱 큰 능력을 나타내게 될 것이다.

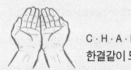

너희 중에 아버지 된 자로서 누가 아들이 생선을 달라 하는데 생선 대신에 뱀을 주며 알을 달라 하는데 전갈을 주겠느냐. 너희가 악할지라도 좋은 것을 자식에게 줄 줄 알거든 하물며 너희 하늘 아버지께서 구하는 자에게 성령을 주시지 않겠느냐 하시니라. 누가복음 11:11-13.

이 말씀은 우리 주님이 제자들에게 기도에 관해 가르치신 매우 놀라운 강론 중에서 결론에 해당하는 말씀이다. 이 말씀은 기도하는 법을 가르쳐 달라는 제자들의 요청으로 소개되었다. 주님은 이 요청에 응하셔서 소위 주기도문을 가르쳐주셨다. 뒤이어 끈질긴 기도의 가치에 관한 강력한 예화를 보여주셨다. 그 과정에서 "구하라. 그리하면 너희에게 주실 것이다"라는 일반적인 약속을 한층 새롭게 하심으로써 훨씬 더 강력하게 적용하고 강화하셨다.

그다음으로 주님은 제자들의 믿음을 훨씬 더 견고하게 하려고 하나님이 제자들의 아버지라는 개념을 더욱 확장하여, 마치 하나님이 무한정 친절하고 사랑스러운 부모인 것처럼 그분께 기도하면서 다가가야 한다고 가르치셨다. 이것이 누가복음 11장 11~13절 말씀에서 강한 호소력을 가지고 다가오는 주요 개념을 형성하고 있다.

"너희 중에 아버지 된 자로서 누가 아들이 생선을 달라 하는데 생선 대신에 뱀을 주며 알을 달라 하는데 전갈을 주겠느냐. 너희가 악할지라도 좋은 것을 자식에게 줄 줄 알거든 하물며 너희 하늘 아버지께서 구하는 자에게 성령을 주시지 않겠느냐."

말씀에 주목하면서 이 문제를 올바로 이해할 때 선물로 주시는 성령으로 말미암아 영적으로 우리에게 필요한 모든 것을 깨달으리라는 사실을 가장 먼저 보게 된다. 그것은 우리가 영원한 생명이신 하나님과 확실히 연합하게 한다. 거기에는 우리의 의지를 하나님의 다스림에 순복시키는 것을 포함하는 회심이 내포되어 있다. 성화란 온전하고 영원하신 하나님께 우리의 의지를 이런 식으로 연합시키는 것이며, 전체적인 감수성보다 이런 상태의 의지가 우세하게 함으로써 모든 내면세계가 하나님의 마음과 생각에 연합하고 공감하는 쪽으로 인도하는 것이다.

하나님으로부터 성령을 선물로 받는 것은 굉장히 쉬운 일이다. 다시 말해 우리에게 정말로 필요한 온갖 영적인 축복을 하나님에게 받기는 아주 쉽다는 뜻이다. 만약 그렇지 않다면 예수님의 이러한 말씀을 도대체 어떻게 생각해야 하겠는가? 도대체 어떻게 우리가 공정하고 진실한 해석으로 일관성 있게 그 말씀을 설명할 수 있겠는가?

우리는 누구나 쉽게
성령을 받을 수 있다

확실히 자녀가 아버지에게 좋은 것을 선물로 받기는 매우 쉽다. 여러분 가운데 어느 누가, 자녀가 아버지인 당신에게 좋은 것을 선물로 받기가 쉽다는 사실을 모를 수 있단 말인가? 당신은 자녀가 아버지인 당신으로부터 정말 필요한 모든 좋은 것을 별다른 어려움 없이 받을 수 있다는 사실을 경험을 통하여 잘 알고 있다. 그 선물을 주는 것이 당신의 능력 범위 안에 있다면 말이다. 그러나 당신은 때때로 악하기도 하지만 하나님은 언제나 무한히 좋으신 분이기 때문에, 당신의 자녀가 당신 손에서 빵을 얻는 일보다 쉽게 누구든지 성령을 선물로 받을 수 있다.

모든 아버지는 자기 아이들에게 정말로 필요한, 그리고 아버지가 꼭 전해주려고 하는 모든 좋은 것을 아이들에게 주는 것을 방해할 것은 없다는 사실을 잘 알고 있다. 그런 부모는 자기 아이들에게 나눠주기 위한 이런 좋은 것들을 매우 소중하게 여긴다. 이를 위하여 부모는 애써 수고하고 계획을 세운다.

"하물며!" "훨씬 더 많이!" 오히려 하나님은 훨씬 더 많이 성령을 나눠주시려고 준비하고 계신다. 그러니까 내 말은 전혀 허투루 하는 게 아니다. 만약 당신이 자식들에게 나눠주는 것보다 하나님이 그분의 자녀에게 좋은 것을 훨씬 더 많이 준비해서 기꺼이 나눠주신다면, 우리에게 영적인 축복을 주시는 것은 분명히 전혀 어렵지 않으며, 우리에게 필요한 것들을 최대한 허락해주실 것이다.

이런 논증이 부모인 여러분의 가슴에 절실히 사무쳐야 한다. 당신은 그 힘을 확실히 느껴야 한다. 만약 그렇지 않다면 그리스도는 거짓 교사임이 틀림없다. 또한 그 자체로 모든 영적인 선물을 포함하는 이 위대한 성령의 선물은 우리 영혼에 필요한 것을 가장 쉽게 얻는 길임이 틀림없다.

이 주제에 관하여 거의 모든 사람이 견지하는 구체적인 관점이 하나님에게 얼마나 해롭고 불명예스럽겠는가! 사람이 성령께 의존하는 것이 도덕적이고 영적인 태만에 대한 지속적인 변명으로 자리 잡아 왔다. 곳곳에 있는 사람이 성령을 원한다고 고백하면서 이 선물에 대한 필요를 점점 더 절실하게 느끼고 기도해야겠다고 생각하지만, 그들은 어디에서나 지속해서 성령을 받지 못한다고 불평하고 있다. 그들은 하나님이 그분의 자녀에게 아주 검소하게 가능한 한 가장 조그만 분량의 성령을 받도록 한다고 추정한다. 마치 하나님이 그분의 자녀가 겨우 굶어 죽지 않을 만큼만 먹고살도록 의도하고 계시는 것처럼 지극히 적은 분량의 영적인 양식을 나눠주신다고 여긴다.

여러 교회를 방문하여 성도들이 무엇을 말하는지, 어떻게 기도하는지 가만히 들어보라. 도대체 어떻게 생각하는가? 구하는 자들에게 성령을 주시거나 아니면 주시지 않는 것과 관련한 하나님의 약속에 관하여 사람들이 생각하는 신성모독적인 가정(if)은 얼마나 충격적이란 말인가? 나는 개인적인 경험과 관찰을 통하여 감히 이렇게 말할 수 있다.

여러 기도회에 참석하기 시작했을 때 지금까지 내가 언급했던 이와 같은 당연한 사실은 현실적으로 굉장히 이상한 것으로 다가와 매우 충격적이었다. 그래서 성인이 될 때까지 어떤 기도회에도 절대 참석하지 않았는데, 왜냐하면 이 점에 관하여 내 생각이 여러 다른 사람과 굉장히 달랐기 때문이다. 그러나 성년에 이른 뒤에 여러 기도 모임이 내가 사는 지역에서 열렸으며, 거기에 아주 꾸준히 참석하게 되었다. 그것은 나에게 매우 커다란 관심사였으며, 감히 제대로 설명하거나 표현하지 못할 정도였다.

그리스도인이 기도하는 소리를 들으면서 나는 굉장히 이상하게 생각했다. 더욱이 그때 성경책을 읽기 시작했는데, 거기서 이번 장의 본문에 나오는 내용을 발견하게 되었다. 그와 같은 약속을 읽으면서 그리스도인들이 말하는 소리를 듣는 것은 무척 놀라운 일이었다. 그들이 말하는 내용과 그들이 의미하는 내용이 서로 어우러져서 이런 식으로 치닫고 있었다.

"저에게는 이번 기도회에서 해결해야 할 문제가 있습니다. 그렇게 하지 않고서는 도저히 떠날 수가 없어요. 비록 제가 별다른 유익을 얻고 있지는 못하더라도 신앙은 좋은 것, 더 나아가 아주 유익한 것임을 증명하고 싶습니다. 저는 하나님이 우리의 기도를 들으시는 분이라고 믿습니다. 그러나 제 기도는 듣고 계시지 않다고 생각해요. 분명히 그다지 효과적이라고 생각하지 않습니다. 기도를 통하여 우리에게 성령이 임한다고 믿지만 내가 항상 성령을 달라고 기도해 왔음에도 거의 성령을 받은 적이 없거든요."

이런 것이 사람들이 생각을 드러내는 일상적인 말투인 것처럼 보였으며, 그것이 나를 굉장히 당혹스럽게 하였다. 또한 그것이 종종 다른 사람들도 당혹스럽게 하였으리라 생각한다.

몇 년 지나지 않아서 나는 이것이 제대로 회심하지 않은 사람들을 계속 따라다니는 이의제기임을 발견하게 되었다. 그들은 이렇게 말한다.

"내가 회심했다면 절대 그럴 수 없었겠지! 성령을 받아서 계속 유지하는 일은 참으로 어려워요."

그들은 자칭 그리스도인이라고 항변하면서 이렇게 말한다.

"저 사람들 좀 보세요. 저들은 신앙에 얽매이지 않아요. 주님의 일을 제대로 하고 있지 않아요. 그러나 주님의 일을 한다고 고백해요. 저들에게는 성령이 없지만 쉽게 성령을 인정하고 고백해요. 저들은 이러한 약속이 실제적인 가치가 거의 없다는 것을 보여주는 살아 있는 증거나 마찬가지예요."

이것은 사실상 명백하기에 스스로 그리스도인이라고 고백하는 모든 사람은 깊이 상고해봐야 한다. 많은 그리스도인의 신앙생활은 오히려 성경의 위대한 진리를 전적으로 부인하는 것에 지나지 않는다.

흔히 성령의 충만함을 받으라고 촉구하고 있을 때 나는 이런 질문을 자주 받는다.

"당신은 이 선물이 정말로 나를 위한 것으로 생각하세요? 성령을 원하는 사람들은 누구나 성령을 받을 수 있다고 생각하세요? 당신은 성령의 빛 가운데 동행하면서 성령으로 충만한 사람들의 사례가 여기저기 있다고 말하지만 그것은 굉장히 특별한 사람들의 경우가 아닌가요? 그것은 은혜를 입은 극히 소수의 사람이 아닌가요? 아주 소수의 사람이 바랄 수 있는 축복이 아닌가요?"

여기서 당신은 주의 깊게 관찰해야 한다. 이 문제는 얼마나 많은 사람이 이 축복을 누리느냐에 관한 것이 아니다. 오히려 그것은 실제로 모든 사람의 손에 닿을 만큼 쉬운 것이냐는 점이다. 그것이 사실상 모든 사람에게 가능한 일인가? 그 선물이 가장 충분하고 지고한 의미에서 실제로 모든 사람에게 허락되는 것인가? 성령을 소유하기가 그렇게 쉬운가?

이러한 실질적인 문제들에 관하여 우리는 이번 장의 본문 말씀에서 가르치는 교훈이 이 주제에 대해 잘못 가르칠 수 있는지 조심스럽게 알아보아야 한다. 예수님이 이 문제를 잘못 증거하셨는지,

아니면 이 선물이 모두에게 가능하고 쉽게 받을 수 있는 것인지 말이다. 왜냐하면 예수님 말씀에 담긴 의미와 범주에 관해서는 아무런 의구심도 가질 수 없기 때문이다. 어떤 말도 이보다 더 쉬울 수는 없다. 어떤 예화도 이보다 더 명확할 수 없으며, 이보다 더 강력한 메시지를 던져주는 것은 없다.

우리는 왜 성령을 받기 어렵다고 생각하는가?

성령을 거의 충분하게 만족스러울 만큼 얻을 수 없다는 인상, 그러니까 단지 가장 어렵게 얻을 수 있다는 인상이 교회에 만연하다. 이런 인상은 분명히 현재의 교회 경험으로부터 자라나고 있다. 실제로 단지 소수의 사람만이 성령을 통하여 하나님과 이런 의식적인 교제를 하는 것처럼 보인다. 실질적으로 하나님과 동행하면서 성령으로 충만한 삶을 사는 사람은 거의 없는 것처럼 보인다. 거의 없다고 말할 때 그것은 스스로 그리스도인이라고 고백하는 사람들 전체 숫자에 비해 거의 없다는 뜻이다. 절대적인 숫자로 따진다면 상당히 많을 수도 있고 언제나 그런 사람들이 존재해왔다. 때때로 어떤 사람은 그 숫자가 미미하다고 생각했지만 그것은 오산이었다.

엘리야도 오직 자기밖에 남아 있지 않다고 생각했지만 하나님은 바알에게 절하지 않은 7천 명의 거대한 무리가 남아 있다고 말씀하셨다. 보통 이렇게 성스러운 숫자 7을 사용하는 것은 무한히 많은 숫자를 일컫는 것이며, 이렇게 한정적으로 언급하는 것보다 훨씬 더 많은 숫자를 뜻한다. 그것은 여기서도 마찬가지일 것이다. 그럴 때조차도 그렇게 엄청나게 어두운 시대에도 하나님을 위하여 물러서지 않고 올바로 서 있었던 수많은 사람이 여전히 남아 있었다!

요즘도 매우 경건한 사람은 별로 없다고 생각한다는 점은 아주 흥미로운 사실이다. 대개 하나님이 생각하는 것처럼 그렇게 경건을 생각하는 사람은 거의 없는 것으로 여겨진다. 복음을 전하는 사람은 회중 가운데서 그것을 명백하게 받아들이는 사람을 겨우 몇몇이라도 발견하고서 종종 신선한 충격을 받는다. 당신은 그들을 겉으로 드러나는 모습만으로도 충분히 판단할 수 있다. 그들의 눈은 반짝이고 얼굴은 굉장히 빛난다. 마치 시내산에서 갓 내려온 모세처럼 빛난다.

그러나 이런 광경은 자칭 그리스도인이라고 고백하는 사람의 일상적인 경험이 아니다. 통상적인 경험은 실제로 이와는 전혀 다르다. 오히려 성령을 받기 굉장히 어렵다는 일반적인 인상을 연출하는 경우가 다반사이다. 이런 명목적인 그리스도인들의 거대한 집단은 로마서 8장에서 의미하는 것처럼 성령께 속한 것이 아니다. 이들은 "이는 그리스도 예수 안에 있는 생명의 성령의 법이 죄와 사망의 법에서 너를 해방하였음이라"(롬 8:2)고 말할 수 없다. "육신을 따라 살지 않고 성령을 따라 사는 우리"라는 말이 이들에게는 해당하지 않는다. 성령을 따라 살면서 성령 안에 머물러 있다는 것을 의식적인 경험을 통해서 아는 사람은 상대적으로 거의 없다.

여기에 또 다른 사실이 있다. 많은 사람이 분명히 하나님의 성령께 기도한다고 하면서도 성령을 얻지 못한다. 어떤 기도 모임에 가 보면 거의 모든 사람이 성령을 선물로 달라고 기도하는 소리를 들을 수 있다. 그것은 가정 안에서도 마찬가지고 아마 골방 안에서도 마찬가지일 것이다. 그러나 이상하게 들릴지 모르지만 사람들은 성령을 받지 못하고 있다. 이 축복을 달라고 엄청나게 많이 기도하면서도 성령을 받지 못하는 이런 경험은 우리 주변 어디에서나 아주 흔한 일이다.

이와 같은 사실을 바라보면서 우리는 성령을 주시겠다는 약속을 믿을 수 없거나 그런 약속에 필요한 조건을 채우지 못하고 있다는 결론을 내릴 수밖에 없다. 이 두 가지 대안에 관해서는 나중에 좀 더 자세하게 논의해보자. 지금 당장 내가 하고 싶은 말은 하나님의 성령을 받아서 유지하는 것, 심지어 기도 응답을 받는 게 너무 어렵다고 만연해 있는 왜곡된 인상의 원인을 설명하는 것이다. 다시 말해 현재 명목적인 그리스도인의 경험은 분명히 설명될 수 있다는 사실이다.

여러분 중에서 어떤 사람은 일찍이 내가 나의 경험을 여러분과 연결했던 사실을 기억할지도 모르겠다. 이때 내 마음은 이 약속에 대하여 굉장히 많이 훈련되어 있었다. 그러니 도대체 어떻게 내가 주님께 그 약속을 믿을 수 없다고 말하겠는가! 그 약속은 내 의식적인 경험과 반대였으며, 나는 그런 의식적인 경험에 반하는 어떤 것도 쉽게 믿을 수 없었다. 바로 그때 주님은 친절하게도 엄청난 자비를 베푸셔서 내 불신앙을 꾸짖어주셨고, 모든 잘못이 내게 있으며 그분 편에서는 아무런 잘못도 없다는 사실을 보여주셨다.

많은 사람이 나처럼 성령을 달라고 기도한다. 그리고 성령을 받지 못하기 때문에 나와 마찬가지로 실망한다. 그래서 위선자가 된다는 사실을 의식하지 못할 뿐만 아니라 자신의 영을 철저히 파악하지도 못하고 있다. 이들은 성령을 선물로 받기 위하여 어떤 희생도 치를 준비가 되어 있다고 생각한다. 그러나 성령을 받기 어려운 모든 이유가 자신에게 있음을 깨닫지 못하고 있다. 그래서 이 약속이 얼마나 풍성하고 온전한 것인지 이해하지 못하고 있다. 결과적으로 자기 기도가 응답받지 못하는 이유를 아예 모르는 것처럼 보인다.

흔히 이들은 이와 같은 신비를 해결하려는 노력에 따른 마음의 근심으로 진땀을 흘린다. 이들은 하나님 말씀이 잘못이라고 말하는 것을 견딜 수 없어하지만 그것이 사실이라는 것도 완전히 믿지 못한다. 그것은 분명히 자기 경험과는 대조적이다. 이와 같은 사실은 난처한 당혹감을 불러일으킨다.

기도의 조건과 이 말씀은
어떻게 일치하는가?

　　　이와 같은 경험을 하나님의 진실성과 도대체 어떻게 일치시킬 수 있겠는가? 도대체 어떻게 우리는 그런 경우와 일치하는 여러 가지 사실에 따라서 이와 같은 경험을 설명할 수 있고, 예수님의 가르침이 분명한 의미로 받아들여지고 있으며, 엄연한 진리라는 사실을 보여줄 수 있을까?

　나는 여기서 기도에 관해 가르치는 교훈은 성경 곳곳에서 가르치는 다른 교훈과 연결해서 해석해야 한다고 생각한다. 예를 들면 여기서 구하는 것과 관련된 교훈은 믿음으로 기도하는 것과 관련해서 해석해야 한다. 곧 사람들이 정욕에 따라 쓰려고 잘못 구하기 때문에 구하여도 얻지 못한다고 사도 야고보가 이야기하는 것과 관련해서 해석해야 한다는 것이다.

　만약 여러분 가운데 누가 자기 의지나 약속어음에 자신을 맞춘다면, 그러니까 어떤 구체적인 조건에서 일정한 돈을 내기로 자기 자신이나 재산관리인에게 자신을 얽어맨다면 그 조건을 여러 번 언급하는 일이 꼭 필요하다고 생각하지는 않을 것이다. 그 조건을 일단 한번 명백하게 언급하고 난 뒤에는 누구도 그 약속과 조건을 분리하지 않을 것이다. 누구도 그 조건이 충족되지 않는다면 그 약속을 주장하리라고 생각하지 않을 것이다. 심지어 그런 조건이 충족되지 않았을 때 그 약속을 지키지 않았다는 이유로 당신을 고소하리라고 예상하지도 않을 것이다.

이와 같은 사실은 성경 전체에 흩뿌려진 채로 다양하게 계시가 된 여러 조건을 통해서 발견하게 된다. 하나님이 받으실 만한 기도를 하는 사람은 누구든지 단지 부분적인 조건뿐만 아니라 이러한 모든 조건을 확실히 충족시켜야 한다. 그러나 실제로 교회에서는 상당히 많은 것을 간과해왔으며, 적어도 이러한 조건들을 확실히 충족시키지 못해왔다.

예를 들면 사람들은 종종 이기적인 이유로 성령을 선물로 달라고 기도한다. 그런데 이것은 걱정스러울 정도로 흔한 일이다. 진정한 동기가 이기적이다. 그런데도 사람들은 무작정 하나님 앞으로 나아와서 수시로 자기 기도 제목을 아마도 굉장히 끈질기게 채근할 것이다. 그러나 이런 기도는 몹시 이기적이며 하나님은 그런 기도를 듣지 않으실 것이다. 그들의 영혼 깊은 곳에는 하나님의 거룩한 뜻을 온전히 행하거나 감당하려는 준비가 되어 있지 않기 때문이다.

이럴 때 하나님은 자녀 가운데 일부를 가장 극단적인 고통의 기나긴 계절을 통과하도록 부르신다. 이것은 사람의 마음을 정화하기 위한 수단이다. 이런 목적으로 하나님은 당신이 어떤 시련의 과정을 겪게 하실 수도 있다. 그것은 하늘 바람으로 당신의 명예에 심각한 타격을 입힐 것이다. 비록 그런 훈련과정을 허락하시더라도 당신은 차분히 순종하는 마음으로 기꺼이 그런 시련을 받아들여야 한다. 그리고 극복해야 한다.

흔히 성령을 구하는 당신의 동기는 단지 개인적인 위로와 위안일 것이다. 마치 모든 영성생활이 무슨 사탕발림이나 되는 것처럼 말이다. 어떤 사람은 사실상 자기의 영광을 취하는 문제로 성령의 선물을 구한다. 이런 사람은 자기 이름을 번지르르하게 내세운다. 아주 저명한 그리스도인으로서 기적의 은혜를 간직하는 것은 너무나 감사한 일일 것이다. 그러나 슬프게도 얼마나 많은 사람이 여러 모양으로 단지 이기적인 기도만을 드리고 있단 말인가! 심지어 목회자도 오직 악의적인 동기로 성령을 달라고 기도할 수도 있다. 자신이 굉장히 영적인 목회자라 이야기하고 싶어서 그렇게 기도할 수도 있다. 설교나 기도에 엄청난 능력을 갖춘 사람이라는 소리를 듣고 싶어서 그렇게 할 수도 있다.

또한 성령을 받지 않은 사람이 순종하는 일은 굉장히 어렵다는 사실을 애써 외면하고 싶은지도 모른다. 왜냐하면 성령은 그런 사람을 가르치거나 그런 사람에게 기름을 부으시지 않기 때문이다. 그래서 일단 성령의 영감을 얻고 싶어 할 수도 있을 것이다. 그렇게 되면 아주 쉽게 성령의 선물을 자신의 설교와 공부 대상으로 삼을 수 있기 때문이다. 결국 단지 부정한 욕망에 따라 쓰려고 실제로 잘못 구하고 있을 뿐인데도 정말로 성령 충만하기를 갈망한다고 생각할 수도 있다. 학생들은 공부하는 것을 도와달라고 성령을 구할 수 있지만 그런 기도는 단지 나태함을 부추길 뿐이다.

만약 우리가 하나님이 받으실 만한 기도를 하고 싶다면 하나님
이 우리에게 성령을 주시는 이유에 대해 동의해야 한다는 점을 절대
잊어서는 안 된다. 이 문제에 관해서는 신비로운 것이 전혀 없다. 섭
리나 은혜를 통하여 하나님이 우리에게 허락하시는 모든 영적인 통
치의 가장 커다란 목적은 우리에게서 이기심을 제거하는 것이며, 우
리의 마음이 참사랑의 영으로 하나님과 조화를 이루는 것이다.

사람들은 흔히 성령을 받겠다고 기도하는 동안에도 성령을 소멸
시켜버린다. 어떤 사람이 성령을 달라고 기도하지만 바로 그 순간에
자기 마음을 어루만지시는 성령의 권고를 주목하지 못하거나, 성령
이 그에게 인도하시는 것이나 그가 하도록 재촉하시는 일을 하지 않
는다. 그런 사람은 성령을 받는다는 것이 굉장히 어렵다고 생각한다.

한번은 어떤 여인이 기도 모임에 나가고 있었는데 성령을 받고
싶다고 생각하면서 이 모임에서 그것을 자신의 특별한 사명으로 삼
고 싶어 했다. 마침 그때 성령이 큰소리로 기도하도록 재촉하셨지만
그 여인은 이에 저항하면서 이런저런 핑계를 댔다. 이처럼 성령이 어
떤 조치를 취하기로 선택하신 바로 그 순간에 사람이 거기에 저항하
는 것은 아주 흔한 일이다. 오히려 사람들은 성령을 자신에게 굴복
하게 만들고 싶어 한다. 그러나 성령은 사람이 순복하길 원하신다.

사람은 자신이 고르는 대로 축복이 찾아올 것으로 생각한다. 그
러나 성령은 우리보다 더 지혜로우시며, 그분의 방법대로 일하시거
나 아예 아무 일도 하지 않으실 것이다. 만약 사람이 성령의 방법을

기꺼이 받아들일 수 없다면 그 사이에는 어떤 협정도 있을 수 없다. 흔히 성령을 달라고 기도할 때 그 마음속에는 이미 그 방식과 환경에 관해 성령께 지시하고 싶어 하는 어떤 특정한 것이 자리 잡고 있다. 만약 성령을 받고자 한다면 하나님의 방법으로 성령을 기꺼이 받아들여야 한다는 사실을 알아야 한다.

그러므로 성령께 맞서지 않도록 주의해야 한다. 스스로 그리스도인이라고 고백하는 사람이 성령께 맞서서 저항하는 일은 자주 일어난다. 심지어 표면상으로는 성령의 임재와 능력이 임하도록 기도하는 중에도 말이다. 성령이 열정적으로 인도하실 때 오히려 사람은 성령께 지시하겠다고 생각하면서 하나님의 방법으로 성령께 인도받기를 거부한다. 성령으로 충만해진다는 것이 의미하는 바를 진정으로 이해하게 될 때 오히려 사람들은 뒷걸음질 친다. 그것이 자기가 생각해왔던 것과는 훨씬 많은 차이를 나타내기 때문이다. 그것은 사람들이 바랐던 것이 아니다. 이런 때일수록 우리는 성령께 대항하려는 생각을 버리고, 더욱 성령의 내주하심을, 성령의 인도하심을 따라야 한다.

✳ ✳ ✳ ✳ ✳

어려움은 항상 하나님이 아니라 전적으로 우리 안에 있다. 이것은 예외가 있을 수 없는 보편적인 진리이다. 어려움은 비자발적이고 우리의 통제를 벗어나는 어떤 것에 있는 게 아니라 자발적인 우리 마음에 달려 있다. 만약 기꺼이 성령을 받으려 한다면 우리가 성령을 받는 데는 아무런 어려움이 없다. 그러나 여기에는 그분의 인도하심과 자유 결정권에 자신을 기꺼이 순복시켜야 한다는 의미가 내포되어 있다.

우리는 종종 기꺼이 하나님의 성령을 받겠다는 마음 대신에 다른 마음 상태를 갖는 실수를 저지른다. 어떤 실수도 이보다 더 흔하지 않다. 사람은 성령으로 충만해지기를 기꺼이 원하며, 성령이 그분의 모든 일을 아무런 주저 없이 하시도록 자기 영혼을 기꺼이 내드리고 있다고 스스로 생각한다. 하지만 실제로는 엄청난 실수를 저지르고 있을 뿐이다.

우리가 세상에 대한 모든 것을 기꺼이 십자가에 못 박는 것과 세상이 우리에게 그렇게 하도록 하는 것은 결단코 흔한 일이 아니다. 수많은 사람이 이런 마음 상태에 머물러 있고 싶다는 일종의 바람을 가지고 있지만, 만약 그들의 가까운 실상을 보게 된다면 오히려 거기에서 물러서려고 한다는 사실을 발견하게 될 것이다. 실제로는 그렇지 않은데도, 사람들이 완전히 성령의 전적인 다스림을 기꺼이 받고 싶어 한다고 생각하는 실수를 지속해서 저지른다는 사실을 각자의 삶에서 너무나 명확하게 발견하게 될 것이다.

의지는 삶을 지배한다. 그러므로 삶은 의지의 실제 상태에 관한 절대 무오한 지표임이 틀림없다. 삶이 존재하는 곳에 의지 역시 존재한다. 그러므로 당신 삶이 하나님과 조화되지 않는 것처럼 보일 때, 당신은 하나님을 섬기는 일에 의지가 전적으로 성별되지 않았다고 추론해야 마땅하다. 그러니까 하나님 뜻에 전적으로 동의하지 않고 있다고 생각해야 한다.

의지가 정말로 하나님의 제단 위에 올라가 있을 때조차도, 모든 측면에서 하나님 뜻에 완전히 순복할 때조차도 우리는 하나님의 성령이 충만해지기까지 아주 오래도록 기다리고 있지 못할 것이다. 실제로 바로 이와 같은 성별은 그 자체가 상당할 정도로 성령의 임재를 내포하는 것이기는 하지만 최대한의 성령의 임재를 의미하는 것은 아니다. 이런 마음 상태는 그 안으로 깊이 들어가야 하는 하나님과의 깊은 연합을 의식하지 못하고 있을 수도 있다. 그러나 당신은 하나님의 성령이 자기 안에 계신다는 사실과 성령의 빛이 자기 마음을 조명하고 계신다는 사실을 확실히 알고 있을지도 모른다. 그러면 성령님의 임재는 충분히 의식할 수 있는 실재가 된다.

인간 이외의 다른 영적인 대리자가 인간의 마음속에서 확연히 모습을 드러내는 방식은 어떤 사람에게는 굉장히 신비스러운 것처럼 보인다. 그러한 영적인 대리자가 우리 마음에 어떻게 접근하는지 반드시 알아야 하는 것은 아니다. 물론 때로는 그런 영적인 존재들이 우리 마음에 임한다는 사실을 아는 것만으로도 충분하다. 그리스도인은 사탄이 때때로 자기 생각을 우리 영혼의 은밀한 방에 집어넣는다는 사실을 잘 알고 있다. 여러분 가운데 어떤 사람은 이에 관하여 고통스럽게 의식하게 되었을 것이다. 당신은 사탄이 자신의 영을 당신에게 쏟아부었다고 확신하게 되었을 것이다. 아주 무시무시한 암시를 당신 마음속에 찔러 넣었을 것이다. 당신의 가장 깊숙한 영혼이 몹시 싫어하는 그런 암시들은 사탄 이외의 다른 어떤 곳에서도 나올 수 없는 것이다.

만약 사탄이 이처럼 우리에게 자신의 존재와 능력을 의식하게 할 수 있다면, 우리 영혼에 자신의 끔찍한 암시를 내던질 수 있다면 하나님의 성령은 더더욱 그분의 것을 계시하실 수 있지 않겠는가? 실제로 당신 마음이 성령의 제안과 권고하심에 동의한다면 성령이 훨씬 더 많은 일을 행하실 수 있지 않겠는가? 분명히 성령이 그분의 임재와 대리자를 긍정적으로 의식하도록 할 수 있다는 사실을 아무도 의심할 수 없다. 우리가 오직 자기 마음의 운행에 대해서만 의식할 수 있다는 것은 아주 불완전하고 그릇된 관점이다. 사람은 종종 자기 마음속에 존재하는 사탄의 생각을 의식하게 된다. 실제로 존 번연은 '크리스천'이라는 등장인물을 통하여 자신의 귓가에 대고 속삭이는, 자신의 마음속에 끔찍한 신성모독적인 언사를 쏟아붓는 어떤 존재로 말미암아 깜짝 놀라는 장면을 아주 구체적으로 잘 그려 놓았다.

흔히 다음과 같은 여러 가지 경우가 일어난다. 한 사람이 아주 심각하게 번민하면서 나에게 찾아오더니 이렇게 말했다.

"난 크리스천은 아니지만 확실하게 알고 있어요. 내 마음은 지금까지 하나님에 관한 경이로운 생각으로 가득 차 있었어요."

내가 대꾸했다.

"그러나 그런 경이로운 생각이 모두 당신의 생각인가요? 그런 생각을 직접 품었나요? 그런 생각에 동의한 적이 있나요?"

그러자 그는 이렇게 말했다.

"실제로는 그렇지 않아요! 어떤 것도 나를 이보다 더 괴롭게 할 수 없었을 거예요."

"그건 다름 아닌 사탄의 역사예요." 내가 지적했다.

"글쎄요." 이 사람이 말했다.

"아마 그럴지도 모르지요. 그러나 이전에는 그런 생각을 해본 적이 없었어요."

그러니까 우리 안에 있는 하나님의 성령은 다름 아닌 우리의 분명한 양심을 드러내는 대상이 될 수 있다. 만약 당신이 진정으로 간절하게 하나님을 바라고 기다린다면 당신은 성령의 충만함을 가장 풍성하게 공급받을 수 있을 것이다.

성령으로 충만해지는 것, 그리하여 성령이 우리 영혼을 충분히 소유하시는 것, 이것이 바로 내가 말하는 성화의 의미이다. 이 영광스러운 일이 하나님의 성령으로 말미암아 이루어지는 것이다. 이런 복된 일을 이루지 않는다면 성령은 절대 우리의 마음을 전적으로 충분히 소유하실 수 없을 것이다.

어떤 사람은 성화와 같은 마음 상태가 존재한다는 사실 자체를 부인한다. 그들은 성령으로 충만해진다는 것에 관해 아무것도 모른다. 그들은 성령이 영광스럽게 일하시는 방법을 무시하기 때문에 우리 영혼 안에서 이루어지는 하나님의 일하심에 관한 아무런 지식도 없다.

흔히 그리스도인이 성장해가는 과정에서 겪는 커다란 어려움은 전적으로 경계심의 부족 때문이다. 어떤 사람은 너무나 많은 말을 하다 보니 정작 하나님의 성령과는 전혀 교제할 수 없을 지경이다. 그들은 '아주 고요하고 세밀한 음성'으로 다가오시는 성령께 귀 기울일 만한 여유가 전혀 없다. 어떤 사람은 웃고 떠들기를 너무나 좋아한다. 그래서 그 마음이 정말로 진지하게 생각하는 것조차 거의 불가능해 보인다. 그런 마음속에 도대체 어떻게 하나님의 성령이 머물 수 있겠는가?

성령이라는 거대한 선물을 받느냐, 내치느냐에 따라서 하나님의 성령은 우리를 힘들게 하거나 편안하게 한다. 복음의 목적은 우리 영혼과 하나님 사이에서 이와 같은 완벽한 연합과 동의를 이루어서 우리 영혼이 하나님의 평화를 누리는 동시에 창조주이신 하늘 아버지와 지극한 조화를 이루는 것이다. 그러므로 이런 마음 상태로 이끄는 것은 성령의 커다란 임무이다. 만약 우리가 성령의 노력에 협력하는 동시에 우리의 의지가 그와 조화를 이룬다면 성령은 분명히 우리에게 커다란 위로가 된다. 만약 거기에 반항한다면 성령은 우리에게 커다란 고민거리가 될 것이다. 그로 말미암아 커다란 갈등이 계속해서 일어날 것이다. 만약 이런 갈등을 통해 하나님을 이해하고 순복하게 된다면 하나님의 축복이 자유롭게 임하고 우리에게 강 같은 평화가 임하겠지만, 거기에 반항하는 한 우리를 향한 성령의 수고에도 아무런 열매를 맺을 수 없게 될 것이다. 오직 책망과 근심이 있을 뿐이다.

그리스도인이여, 정말로 자신의 어린 마음이 성령으로 충만해질 수 있다고 믿는가? 누가복음 11장 11~13절에서 말하는 것처럼 당신은 하나님이 정말로 이 세상 부모가 당신에게 좋은 것을 주려고 하는 것보다 더 기꺼이 성령을 선물로 주시려고 한다고 생각하는가? 지방에서 유학 온 많은 학생이 부모와 멀리 떨어져서 학교에 다니고 있다. 그러나 홀어머니에게 절실히 필요한 적은 돈이라 할지라도 유학 중인 아들에게 필요하다면 그 어머니는 마지막 한 푼까지 털어서 아들에게 기쁜 마음으로 보내주지 않겠는가! 하물며 하늘 아버지께서는 그보다 더하시지 않겠는가!

당신에게 어떤 실제적인 문제가 있는가? 만약 약속이 담긴 하나님 말씀을 믿지 않겠다고 한다면 그것이 얼마나 하나님을 불명예스럽게 하는 짓인지 아는가? 어떤 사람은 이렇게 말한다. "나는 너무나 가난하고 너무나 많은 빚을 지고 있어요. 그래서 얼른 어디든지 나가 일하면서 돈을 벌어야 해요." 그러나 당신에게는 엄청나게 부자인 아버지가 계신다. "맞아요. 그러나 아버지는 저를 도와주시지 않을 거예요. 우리 아버지는 자기 아들보다 돈을 더 많이 사랑하신

단 말이에요." 이것은 당신의 아버지에 대한 엄청난 모독이며 불명예를 안기는 망언이지 않겠는가? 분명히 그럴 것이다. 만약 그게 사실이 아니라면 일부러 그렇게 말하지는 않을 것이라는 사실을 당신도 충분히 알고 있을 것이다.

그런데 지금 당신이 감히 이렇게 말할 수 있겠는가? "하나님은 저를 사랑하지 않아요! 그분은 천국에 관하여 저에게 가르치길 원하시지 않는단 말이에요. 비록 제가 자주 성령을 달라고 간구하며 성령께 그렇게 하시도록 애원했는데도 하나님은 분명히 저에게 성령을 주지 않고 계세요." 당신은 감히 이렇게 생각조차 할 수 있겠는가? 그리고 온 세상 앞에 이보다 더 막무가내로 나아가 그렇게 행동할 수 있겠는가? 오, 그런데 당신은 왜 이런 식으로 당신의 하나님 아버지께 불명예를 끼치고 있단 말인가!

C·H·A·P·T·E·R·03
하나님과 교제하기 위한 원리를 배우라

너희가 얻지 못함은 구하지 아니하기 때문이요 구하여도 받지 못함은 정욕으로 쓰려고 잘못 구하기 때문이라. 야고보서 4:2-3.

모든 죄악을 하나님께 자백해야 용서를 얻을 수 있을 뿐만 아니라 하나님과 화해를 이룰 수 있다는 사실은 너무나 명백하다. 그렇지 않다면 어떻게 우리가 하나님과 더불어 영혼의 교제를 이룰 수 있단 말인가? 그런데 하나님은 우리가 상처 입힌 형제에게 고백하는 일을 게을리하지 말아야 한다고 말씀하신다. 상처 입힌 형제와 더불어 화해하지 않은 상태의 기도는 듣지 않는다고 강조하신다.

사람들에 대해 우리가 저지른 잘못을 될 수 있으면 원상태로 돌린다는 의미에서, 그리고 모든 악을 선으로 돌리고 개선한다는 의미에서 변상해야 한다. 만약 우리가 누군가의 성품에 그릇된 모습으로 꾸준히 이의를 제기해왔다면 당연히 그것을 상기하면서 원상태를 회복해야 한다. 심지어 실수로라도 다른 사람에게 상처를 입혔다면 그 실수를 인정하고 그것을 바로잡아야 한다. 우리가 잘못을 바로잡지 않은 채로 그냥 내버려 둔다면 그것은 죄를 범하는 일이다.

특히 나는 우리가 하나님께 변상해야 하는 부분에 대해 좀 더 주의를 환기하고 싶다. 그런데 이와 관련하여 우리가 손상을 입힌 것을 실제로 회복시킨다는 의미에서 하나님에 대해 저지른 잘못을 얼마든지 보충할 수 있다는 뜻은 아니다. 오히려 우리에게 여전히 남아 있는 것이라면 무엇이든지 하나님께 내드릴 수 있다는 뜻이다. 우리는 여전히 우리에게 허락하신 시간을 하나님께 바칠 수 있다. 비록 과거는 돌이킬 수 없을 정도로 지나가 버렸을지라도 우리는 자신의 재능, 영향력, 물질 따위를 자유롭게 충분히 하나님을 위하여 사용할 수 있다. 분명히 하나님과 우리의 이성은 이것을 요구하는데, 만약 우리가 자신의 모든 미래를 하나님께 올려드릴 의사가 없다면 우리가 기도 가운데 받아들여지기를 소망하는 모든 간구는 헛된 일일지도 모른다.

여기서 이 주제를 좀 더 면밀하게 살펴보고자 한다. 여러분 가운데 얼마나 많은 사람이 하나님을 강탈해왔으며, 그것도 오랫동안 대대적으로 강탈해왔는가? 한번 꼼꼼히 살펴보자.

먼저 창조주 하나님과
관계를 회복하라

우리는 모두 하나님께 속한 사람이다. 하나님의 최대 재산이다. 하나님은 우리를 존재하게 하셨고, 우리에게 있는 모든 것을 주셨으며 우리 존재의 모든 것을 만드셨다. 이것은 고차원적인 의미에서 하나님은 우리의 정당한 소유자라는 뜻이다. 그러므로 우리에게 있는 모든 것과 우리 존재의 모든 것을 당연히 하나님께 돌려드려야 한다. 만약 그것을 허락하지 않는다면 그렇게 하지 않는 만큼 우리는 하나님의 것을 강탈하는 죄를 범하는 것이다.

여러분 가운데 누가 감히 하나님을 강탈한 적이 없다고 반론을 제기할 수 있단 말인가? 이 점을 철저히 돌이켜보자. 여러분 가운데 누가 상점으로 들어가 계산대에 있는 돈을 훔쳤다면 그 행위가 도둑질이 아니라고 부인할 수 있겠는가? 당신은 범죄를 저질러서 가게 주인의 돈을 빼앗은 것이다.

하나님께 속한 것을 억지로 빼앗아서 자신의 소유로 삼았다면 가게 주인의 계산대에서 돈을 훔친 사람과 무엇이 다르겠는가? 하나님으로부터 강탈하는 것임을 부인할 수 있겠는가? 가게 주인이 돈을 소유한 것보다 훨씬 더 고차원적인 의미에서 하나님은 모든 인간과 모든 수고를 소유하고 계신다. 하나님은 정당하게 당신의 모든 시간, 재능, 부 등을 하나님의 영광을 위하여, 그리고 하나님의 피조세계에 대한 선을 위하여 사용하도록 요구하신다. 그러므로 자기를 위하여 자신을 사용하는 한 당신은 마치 이웃의 물건을 자기 마음대로 전유하는 것처럼 하나님의 것을 강탈하는 죄를 저지른 것이다.

이와 같은 점에서 도둑질은 강도질과는 다르다. 도둑질은 은밀하게 이루어지지만 강도질은 저항하는데도, 어떤 경우에는 격렬히 항의하는데도 폭력적으로 공공연히 이루어지는 죄다. 만약 당신이 은밀하게 숨어들어 주인이 전혀 눈치채지 못하게 주인에게 속한 것을 가져간다면 그것은 도둑질이다. 만약 당신이 주인의 뜻을 잘 알면서도 폭력을 사용하여 공개적으로 무언가를 빼앗는다면 그것은 강도질이다. 이 두 가지 범죄는 그 정신적인 측면에서 본질이 다르다. 둘 다 이웃의 권리에 대한 심각한 침해 행위로 생각할 수 있다. 그런데 대개 강도질은 굉장히 도발적이다. 그것은 주인을 두려움에 떨게 만든다.

자, 그런데 하나님께 맞서서 죄를 짓는다면 도대체 어떻게 되는가? 여기에 제대로 대답하자면 그것은 하나님을 섬기지 않겠다고 뿌리치는 것이나 마찬가지다. 마치 하나님이 우리에게 말씀하시는 요구사항으로부터 일종의 도덕적 폭력을 통하여 우리 마음을 빼앗는 짓이다. 하나님은 "너는 나 외에 다른 신을 섬기지 말라"고 말씀하신다. 이것이 바로 하나님의 첫 번째이자 가장 커다란 계명이다. 다른 어떤 것도 이보다 더 클 수는 없다. 하나님이 우리에게 요구하시는 다른 어떤 명령도 이보다 더 강력할 수 없다. 그런데도 만약 우리가 여전히 다른 신을 섬긴다면, 그것은 하나님을 섬기는 데서 벗어나 자신이 거기에 반항하도록 억지로 비트는 행위다. 이것이 강도질이 아니고 무엇이란 말인가?

우리는 스스로 자유로운 행위자로 행세함으로써 자신에게 애정을 끌어내기 위하여, 각종 요구사항을 강력히 주장하기 위하여, 기꺼이 충성을 담보하기 위하여 우리의 정당한 소유자가 취할 수 있는 모든 조치에도 우리는 하나님의 손을 뿌리치고 있다. 이것이 바로 강도질이다. 그것은 도둑질처럼 은밀하게 이루어지는 것이 아니라 흔히 일어나는 강도질의 경우처럼 너무나 공개적이고 폭력적으로 일어난다. 그것을 방지하기 위하여 하나님이 지혜롭게 할 수 있는 모든 노력에도 불구하고 곳곳에서 시시때때로 그런 일이 일어난다. 그러므로 모든 죄는 강도질이다. 죄는 정당하게 하나님께 속한 것을 억지로 빼앗는 짓과 절대로 다를 수 없다.

만약 어떤 사람이 하나님을 설복하려고 한다면 그는 자기 자신을 비롯하여 아직 탕진하거나 파괴하지 않고 남아 있는 모든 것을 정상으로 되돌려 놓아야 한다. 그렇다. 그 사람은 돌아와서 이렇게 고백해야 한다.

"주님, 제가 여기 있습니다. 주님, 제가 너무나 바보 같은 짓을 했으며 엄청난 잘못을 저질렀습니다. 주님의 시간을 너무 많이 탕진해버린 것이 부끄럽습니다. 주님 것인 마음과 몸을 죄짓는 데다 함부로 쓴 것이 부끄럽습니다. 나 자신과 사탄을 섬기는 데 이 손과 혀와 제 몸의 모든 지체를 사용한 것이 너무나 부끄럽습니다. 그것들이 주님을 섬기지 못하도록 주님의 손길을 뿌리치게 한 것이 참으로 부끄럽습니다. 주님, 제가 너무나 악하고 비열한 짓을 저질렀습니다. 제가 스스로 부끄러워서 이루 다 말할 수 없을 정도로 주님께 잘 못했습니다. 저의 죄를 용서해주소서!"

그러니까 이제 당신은 하나님 앞으로 나아와야 한다. 강도가 자기 죄를 고백하고 그에 합당한 변상을 하기 위하여 돌아오는 모습을 지켜보라. 그 사람이 깊은 수치심과 죄책감을 느끼지 않겠는가? 만약 당신이 하나님께로 돌아와 겸손히 자기 죄를 고백하면서 여전히 남아 있는 모든 것을 전부 사용하여 하나님께로 회복되지 않는다면 도대체 어떻게 당신이 받아들여지기를 소망할 수 있겠는가? 당신은 비틀어지고 떳떳하지 못하게 탕진한 모든 것을 회복하도록 하나님이 요구하신다면 즉각 하나님 앞에서 그것을 받아들인다는 의사를 표시해야 한다. 그렇지 않다면 당신의 구원은 불가능해질지도 모른다. 설복하는 기도를 드려야 한다는 그런 조건 위에서 당신의 구원은 영원히 불가능해질 수도 있다.

하지만 너무나 감사하게도 하나님은 이것을 요구하지 않으신다. 하나님은 기꺼이 당신의 모든 과거를 용서하시겠지만 단지 나머지 모든 것을 돌이킨다는 조건 위에서만 그렇게 하신다. 이것을 명심하라. 당신과 더불어 하나님이 당신에게 이미 허락하셨거나 허락하실 수 있는 능력을 사용하고도 여전히 남아 있는 모든 것을 다시 가져올 때만 그렇게 하신다는 사실을 꼭 기억하라.

자비로우신 하나님은 죄인들이 돌아오는 것을 기뻐하신다

하나님께서 우리가 저질러왔던 엄청난 불법 행위를 용서하신다는 것은 사실상 무한히 선하신 하나님의 성품을 드러내는 것이다. "와, 이 얼마나 자애로우신 광경이란 말인가!" 어떤 사람이 당신에게 천만 원을 훔쳐서 그걸 다 탕진해버리고는 누더기를 걸치고 거지 신세로 나타나 현관문 앞에 엎어져 있다고 가정해보라. 거기에 지치고 쇠약해진, 굶주리고 더러운 무일푼의 초라한 사나이가 덜렁 나자빠져 있다. 그러면 당신은 불쌍한 마음에 사로잡힐 것이다. 그래서 아낌없이 모든 것을 용서할 것이다. 그 사람을 부둥켜안고 그런 비참한 상황에 대해 슬퍼하며 눈물을 흘릴 것이다. 결국 그 사람을 집 안으로 데리고 들어와 깨끗이 씻기고 새로운 옷으로 갈아입히고 당신이 베풀 수 있는 모든 위로와 편의시설을 기쁜 마음으로 제공할 것이다. 가장 높은 차원의 관대함과 고상함을 베푼 당신의 행위는 얼마나 감탄스러운 일이란 말인가!

회개하고 돌아오는 죄인을 품에 안아주시는 하나님의 인애하심이여, 얼마나 천사 같은 눈으로 이 광경을 바라고 계시겠는가! 사람들은 탕자가 돌아오는 모습을 보는 동시에 하나님의 가족 품으로 공공연히 맞아들이는 소리를 듣는다. 사람들은 연약하고 초췌한, 죄책감과 부끄러움을 느끼면서 해어지고 더러워진 누더기를 걸친 채 풀이 죽은 죄인의 모습으로 다가오는 탕자를 보게 된다. 탕자는 마치 아들이었던 적이 없었다는 듯한 모습이며, 죄는 이미 아들의 권리가 갖는 여러 가지 특징을 너무나 끔찍할 정도로 손상시켜버렸다. 그러나 탕자가 나타나자 사람들은 그에 이어지는 광경을 목격한다. 아버지는 멀리서 탕자가 돌아오는 모습을 지켜보다가 탕자를 만나기 위해 쏜살같이 달려 나간다. 아버지는 탕자를 여전히 아들로 생각하고 있으며 탕자의 뺨을 비비면서 아들이 돌아온 기쁨의 눈물을 흘린다. 그러고는 가장 좋은 옷을 입히고 살진 소를 잡으라고 명령한다. 그러자 탕자의 집은 온통 기쁨으로 넘쳐났다.

이처럼 천사들도 굉장히 경이롭고 기쁜 감정을 느끼면서 이 광경을 보게 된다! 회개하여 돌아오는 사람을 만나기 위해 이렇게 달려 나오는 하나님의 모습을 보는 것은 온 우주에서 얼마나 놀라운 광경이겠는가! 하나님은 그에게 주의를 기울일 뿐만 아니라 그의 요청에 응답하시고 그와 함께 교제하신다. 이처럼 한때는 배교자였던 죄인이라도 지금은 원하는 대로 구할 수 있고 구하는 대로 모두 이루어질 수 있는 그런 관계로 들어가는 모습을 보는 것이 얼마나 큰 기쁨이겠는가!

나는 때때로 요셉이 자기 형제들에게 신분을 밝힐 때 그 자리에 내가 있었더라면 얼마나 놀랐을지 생각해본다. 굉장히 놀란 나머지 꼼짝도 못 하고 있었을 것이다. 그래서 눈물 없이는 절대 그 장면을 다루는 말씀을 읽을 수가 없었다.

탕자 이야기도 마찬가지다. 공감의 눈물을 흘리지 않고도 이 말씀을 읽을 수 있는 사람이 과연 누구란 말인가? 자기 눈으로 직접 그 광경을 목격하고도 몸소 그 자리에 있으면서도 창백한 얼굴로 두려워 떨면서 다가오는 아들과 너무나 억누를 수 없는 애정과 연민으로 아들을 만나기 위하여 달려 나가는 아버지를 바라보면서도 감히 누가 눈물을 흘리지 않겠는가? 그런 광경은 너무나 감동적이라서 도저히 참아내기 어려울 것이다!

이제 이런 질문을 해보자. "만약 온 우주의 지적인 존재들이 회개하고 돌아오는 죄인을 품에 안고 받아들이는 위대하신 하나님의 모습을 볼 수 있다면 어떻게 되겠는가?" 오, 이런 광경이 천국 전체에 얼마나 커다란 관심을 불러일으키겠는가! 그러나 이와 같은 광경은 천국에서 지속해서 샘솟듯이 일어나고 있다. 우리는 천국에 하나님의 뭇 천사들이 있어도 회개하는 한 사람의 죄인 때문에 기뻐하신다는 이야기를 분명히 듣고 있다. 확실히 아무리 천국이라도 흥분이 끊임없이 타오르게 하는 요인이 있다. 그와 같은 흥분의 표출은 악한 길에서 돌아오는 죄인들을 향한 무한한 연민으로 나아가게 된다.

그러나 깊이 회개하면서 돌아오지 않는다면 어떤 죄인도 하나님 앞에서 환영받을 수 없다는 사실을 반드시 기억해야 한다. 만약 철저한 회개와 충분한 변상 없이도 하나님이 당신을 받아들일 수 있다고 생각한다면 당신은 하나님을 전혀 모르는 것이다. 아직도 탕진하지 않은 채로 남아 있는 모든 것을 다시 하나님께로 돌려놓아야 한다. 그 모든 것을 가장 조심스럽고도 정직하게 살피면서 이렇게 고백해야 한다.

"주님, 여기에 아주 보잘것없는 나머지가 있습니다. 매우 적은 분량밖에 남지 않았습니다. 제가 죄를 짓고 거역하는 과정에서 모두 다 구차하고 무익하게 탕진해버렸습니다. 제가 얼마나 많이 탕진했으며, 이제 주님을 섬기는 데 바칠 수 있는 것이 얼마나 조금 남아 있는지 주님은 잘 알고 계십니다. 아, 제가 얼마나 무익한 종이었는지, 지난 생애 동안 제가 얼마나 비참할 정도로 무익하게 살아왔는지요! 주님, 용서해주소서!"

모든 독자는 이 주제를 자세히 살펴야 한다. 한 번도 돌이켜보지 않은 채로 얼마나 여러 해 동안 당신의 인생이 그냥 흘러왔는지 잘 헤아려보기를 바란다. 일반적인 인생 법칙에 따르면 젊은이는 이미 많은 세월을 살아온 사람보다 더 오랜 세월이 아직 남아 있다. 그러나 이렇게 말할 수밖에 없는 슬플 때도 있을 것이다.

"슬프게도 내 인생의 전성기에 얼마나 많은 세월을 그냥 탕진해버리고 말았던가! 그렇다. 이것은 그냥 바다에 내다 버린 것보다 더 나쁘다. 왜냐하면 그 세월은 사탄을 섬기느라 사용된 것이나 마찬가지기 때문이다. 죄의 길을 따르고 사탄의 일을 하느라 얼마나 많은 옷이 해어졌는지 모른다! 은혜로운 섭리자의 관대하심으로 말미암아 인간에게 제공된 엄청난 양의 양식을 나를 지으신 창조주 하나님 아버지를 거역하는 일에 얼마나 낭비하고 말았단 말인가! 아, 만약 그것이 지금 내 앞에서 일어나 나와 함께 심판으로 들어가야 할 전부라면, 만약 날마다 죄악 가운데 탕진한 일용할 양식이 나에 대한 증거로 훤히 드러난다면 과연 어떤 끔찍한 장면이 펼쳐지겠는가!"

스스로 자기 마음을 감찰하여 가끔 오용되기도 하지만 가장 은혜로우신 하나님 앞에서 어떤 위치를 차지해야 하는지 생각해보도록 하라. 그런 다음에 이렇게 고백하자.

"깊이 참회하고 헌신하는 마음과 더불어 내가 하나님을 위하여 앞으로 남은 세월과 여전히 나에게 남아 있는 모든 것을 되돌리지 않는다면 도대체 어떻게 하나님을 설복할 수 있겠는가?"

이렇게 말하는 게 가능하다면 세월을 훨씬 더 많이 살아온 사람에게는 이것이 얼마나 더 절박한 사실이겠는가!

기도하기 전에 먼저
형제와 화해하라

이 주제에 관하여 당신은 곧바로 우리 주님의 가르침

을 떠올릴 것이다.

"그러므로 예물을 제단에 드리려다가 거기서 네 형제에게 원망들을 만한 일이 있는 것이 생각나거든 예물을 제단 앞에 두고 먼저 가서 형제와 화목하고 그 후에 와서 예물을 드리라"(마 5:23-24).

이 말씀은 받으실 만한 기도의 한 가지 중요한 조건을 분명하게 언급한다. 그러면서 모든 사람이 항상 기도하기에 적절한 상태에 있는 것은 아니라는 사실을 보여준다. 사람들은 전혀 기도할 만한 자격을 갖추지 못한 상태일 수도 있다. 만약 이런 상태로 주님의 제단 앞에 나아온다면 하나님은 기도의 예물을 드리는 것을 중지하고 즉시 돌아가서 자기 형제들과 화해하라고 명하실 것이다.

사람이 기도할 수 있는 권리와 자격을 갖추고 나서야 비로소 하나님께로 나아올 수 있다는 사실을 이해하는 것은 굉장히 중요하다. 사람들은 기도와 하나님의 관계, 그리고 기도와 자신의 관계를 자기 기도가 마치 하나님께 엄청난 호의를 베푸는 것이라고 착각하는 듯하다. 사람들은 일단 기도하고 나면 하나님이 자신에 대하여 커다란 의무를 지게 된다고 착각하는 것처럼 보인다. 그래서 만약 오랫동안 기도하는데도 하나님이 자신에 대한 의무를 제대로 인지하지 못하시고 신속히 응답하지 않으신다면 그것은 상당히 매몰찬 태도라고 생각한다.

당신이 어떤 사람에게 백만 원을 빚졌는데, 그 사람에게 빚을 탕감해 달라고 간청함으로써 그 빚을 해결하기로 작정했다고 가정해보자. 당신은 그 사람을 볼 때마다 새롭게 간청할 것이다. 만약 그 사람이 멀리 떨어져 있다면 간청하는 편지를 보낼 것이다. 이제 당신이 작정한 대로 당신 몫을 다했으므로 채권자에게 당신 빚을 아무 대가 없이 포기해 달라고 강요할 수 있는 것인가? 그 사람이 당신 빚을 탕감해주지 않았다고 노발대발할 수 있는 것인가? 그것은 터무니없는 바보 같은 짓이다.

그것은 죄인과 하나님에 대해서도 역시 마찬가지다. 많은 사람이 하나님이 반드시 용서하고 탕감해주어야 한다고 생각한다. 마치 사람이 그렇게 기도하겠다고 선택하는 순간, 하나님은 모든 죄악을 용서하고 하나님의 시야에서 그것들을 모두 치워버릴 의무가 있는 것처럼 생각한다.

하지만 하나님은 사실상 어떤 특정한 조건 아래서 용서해주시겠다고 약속하셨다. 그런 조건이 충족되기만 한다면 하나님은 확실히 그분의 약속을 이루실 것이다. 그것은 결코 사람이 정의나 권리의 문제를 주장하기 때문이 아니다. 하나님의 모든 약속은 엄격한 정의가 아니라 자비의 섭리 문제이다. 하나님은 사람이 올바로 기도할 때 듣고 응답하시지만 단지 의무감이나 정의를 주장하기 위해 기도한다면 당연히 응답하지 않으실 것이다. 그것은 기본적으로 기도의 개념을 잘못 짚은 것이다.

때때로 우리에게는 기도할 만한 권리나 자격이 주어지지 않는다. 바로 다음과 같은 경우이다. "그러므로 예물을 제단에 드리려다가 거기서 네 형제에게 원망 들을 만한 일이 있는 것이 생각나거든 예물을 제단 앞에 두고 먼저 가서 형제와 화목하고 그 후에 와서 예물을 드리라."

이 교훈의 의미는 굉장히 분명한 것처럼 보인다. 만약 당신이 어떤 형제에게 잘못한 일이 떠오른다면 즉시 그 형제에게 찾아가 그 잘못을 돌이키라는 것이다. 그렇지 않다면 도대체 어떻게 당신이 하나님 앞에 나아와 하나님의 은혜를 구할 수 있겠는가?

여기서 비록 그렇게 보일 수도 있지만 사실상 이와 같은 규례에 들어가지 않는 특정한 경우를 이해하는 것도 중요하다. 어떤 사람이 나에게 상처를 입었다고 생각할 수도 있지만 나는 그 사람에게 단지 옳은 일만 했다고 느낄 수도 있다. 그런데도 여전히 내가 그에게 잘못을 저질렀다는 인상을 그의 마음에서 완전히 지울 수 없을지도 모른다. 이럴 때 나는 기도의 특권으로부터 차단되지 않는다.

그러니까 내가 신앙이 퇴보하는 사람들을 향해 설교할 때 흔히 이런 일이 일어난다. 그들은 과도하게 상처받았다고 느끼면서 내가 자기들에게 용서받을 수 없을 정도로 잘못을 저질렀다고 생각한다. 반면 나는 우리 주님과 그들의 영혼에 정직하고 신실하게 처신해왔을 수도 있다. 그럴 때 단지 나를 향한 사람들의 느낌 때문에 기도의 특권이 금지되어서는 안 된다. 이로 말미암아 내가 속죄소를 멀리해야 한다는 것은 사실상 아주 터무니없는 일일 것이다. 만약 내가 아무런 잘못도 저지르지 않았다고 생각한다면 우리 주님이 나를 그분께로 더욱 가까이 인도하실 것이다. 이 같은 경우에 나는 아무런 잘못도 저지르지 않았다고 고백할 수 있다.

그러나 우리 주님이 말씀하신 것은 내가 이웃에게 잘못했다는 사실을 분명히 알고 있는 경우이다. 이 경우라면 배상과 변상을 이행할 때까지는 기도하기 위하여 하나님 앞으로 나아올 아무런 권리와 자격도 주어지지 않는다.

때때로 스스로 그리스도인이라고 고백하는 사람이 나에게 다가와서 이렇게 묻는다.

"왜 나는 하나님이 듣고 응답하시도록 기도하지 못할까요? 나는 굉장히 많이 기도하는데 하나님은 왜 나의 기도에 응답하시지 않는 걸까요?"

그러면 실제로 나는 그 사람들에게 이렇게 질문한다.

"당신이 기도하려고 할 때마다 어떤 형제에게 상처 입힌 것이 수없이 떠오르지 않던가요? 그런데도 당신은 그 사람을 찾아가서 적절히 변상하거나, 심지어 아예 고백조차 하지 않았지요?"

많은 사람이 이렇게 대답한다.

"맞아요. 그런 경우가 떠오를 때마다 그냥 지나쳐버리면서 그런 문제로 골치를 썩이지 않으려고 했지요! 고백하고 변상해야 할 필요성에 대해 그다지 많이 생각하지 않았어요. 머지않아 거의 모든 일에서 이웃에게 잘못했다는 그런 생각을 까맣게 잊어버렸지요!"

실제로 당신은 잊어버렸지만 하나님은 절대 잊어버리지 않으신다. 하나님은 당신의 부정직과 나태함, 또한 받으실 만한 기도에 관하여 그분이 명백하게 가르치셨던 조건 가운데 하나를 멸시한 것을 분명히 기억하고 계신다. 그래서 하나님은 당신의 기도에 귀를 기울이시지 않는 것이다. 당신이 형제를 찾아가서 화해할 때까지 당신의 기도는 공허한 메아리에 불과하다. 이럴 때 하나님은 당신에게 이렇게 말씀하실 것이다.

"네가 동료 이웃에게 잘못을 저지르고, 한 번도 고백하거나 변상하지 않았음을 뻔히 알고 있으면서도 감히 어떻게 내 앞으로 나아올 수 있단 말이냐!"

하나님은 무한히 정직하시며, 그분 자신이 정직하신 한 정직하지 않은 사람과 교제를 이어가지 않으실 것이다. 하나님은 우리에게 정직하고 진실하기를 기대하시고 기꺼이 그분께 순종하기를 바라시며 받을 만한 기도의 모든 조건을 충족시키려고 몹시 열망하기를 원하신다. 우리의 상태가 이렇게 변화될 때까지 아무리 오랫동안 기도하더라도 우리의 기도를 절대 들으려고 하지 않으실 것이다. 왜 그분이 들어야 한단 말인가? 그러므로 우리는 기도하기 전에 반드시 먼저 이 불성실과 불순종의 죄를 회복하고 하나님께 나아가야 한다.

우리는 간구에 대한 정직하고
합당한 이유가 있어야 한다

우리가 기도할 때 구체적인 것을 달라고 간구하기 위해서는 항상 정직하고 합당한 이유가 있어야 한다. 하나님은 무한히 합리적인 분임을 기억하기를 바란다. 정당한 이유 없이는 절대 무슨 일을 행하지 않으신다. 그러니까 모든 기도에서 당신은 항상 하나님이 당신의 기도를 듣고 응답할만한 타당한 기초로서 그분께 요청할 수 있는 정직한 이유가 있어야 한다.

당신이 무슨 이유로 기도하는지 정확히 알 때라야 하나님이 귀를 기울이실 것이라는 이성적인 확신을 할 수 있으며, 무한히 지혜롭고 의로우신 하나님을 설득할 수 있을 만한 타당한 근거를 가질 수 있을 것이다.

사랑하는 자여, 이 점에 대해 충분히 주의를 기울일 만큼 습관이 들어 있는가? 기도할 때 자신에게 합당한 이유를 가지고 간구하는가? 지금 하나님이 충분히 공감할만한 이유를 가지고 이렇게 기도하고 있는가? 내가 생각하는 이유가 하나님 마음에도 중요하게 다가오겠는가?

분명히 이것은 굉장히 중요한 질문이다. 그런 이유가 그분의 무한하신 지성을 만족시키지 못한다면 하나님은 우리의 기도를 듣지 않으실 것이다. 그리하여 하나님은 그런 이유를 고려하여 지혜롭게 행하실 것이다. 그런 타당성 없는 근거를 바탕으로 우리의 기도에 응답하셨다는 사실을 온 우주가 알게 하여 하나님이 스스로 수치를 당하지는 않으실 것이다. 그런 이유로 하나님은 절대 수치를 당하지 않으실 것이다. 왜냐하면 하나님이 행하시는 모든 일이 단 하루 만에도 완벽하게 알려질 수 있기 때문이다. 하나님이 받으실 만한 기도에 응답하셨는지, 왜 하나님이 받으실 수 없는 기도에 응답하기를 매번 거절하시는지가 곧바로 알려질 것이다.

그러므로 만약 우리가 기도를 드리거나 하나님이 우리와 공감하기를 기대하는 어떤 일을 행하려면 우리에게는 그런 요구와 행동에 합당한 충분한 이유가 있어야 한다. 당신의 기도는 이기적이 아니라 자비로운 것이어야 한다. 그렇지 않다면 도대체 어떻게 하나님이 그 기도를 들어주시겠는가? 하나님이 당신의 이기심을 장려하면서 편이라도 들어주어야 한단 말인가?

한 아이가 엄마 앞으로 다가와 이렇게 말했다.

"엄마, 제 부탁 한 가지만 들어주세요."

"왜 그래, 아가야."

엄마가 대답했다.

"이유를 말해 봐. 왜 그걸 원하는지 말이야."

자, 하나님도 그분의 자녀인 우리에게 말씀하신다.

"내 아들아, 왜 그러니? 네 이유가 무엇이냐?"

그러면 당신은 이렇게 대답한다.

"주님, 제 등록금을 내고 기숙사비와 여타 생활비를 충당하는 방법을 가르쳐주세요. 저는 공부하고 싶어요."

그러면 주님은 이렇게 대답하실 것이다.

"왜 그러니, 내 아들아? 이유가 뭐니? 무슨 목적으로 그런 공부를 하려는 거니?"

당신은 그런 물음에 대해 정당한 이유를 댈 수 있어야 한다. 만약 이러한 것들을 탐욕에 쓰려고 한다면, 만약 당신의 목적이 사람들 사이에서 더 높은 자리에 올라가는 것이라면, 또는 별로 수고하지 않고서도 생활비를 벌기 위한 것이라면, 남부럽지 않게 더 많은 존경심을 받고 싶어서 그러는 것이라면 우리 주님은 그런 이유에 공감하지 못하실 것이다. 그러나 당신의 이유가 타당하다면, 그런 이유가 하나님이 행할만한 이유로 인정하기에 부끄럽지 않다면 당신은 무한정 듣고 응답하실 준비가 되어 있는 하나님을 만나게 될 것이다.

그러므로 기도 응답을 받고 싶다면 당신의 소망은 기도하는 양에 있는 게 아니라 기도의 질에 있다는 사실을 명심해야 한다. 만약 기도하는 이유와 관계없이 무작정 기도하는 습관을 들여왔다면 아마도 당신은 하나님을 조롱하는 습관을 들여온 것이다. 만약 하나님 앞에 나아올 때 아무런 이유도 없다면 그분께로 나아와 아무렇게나 구하면서 그분을 조롱하는 것이다. 그럴 때 항상 당신에게 필요한 무엇인가가 있어야 한다. 이렇게 자문해보라.

"하나님께 구하는 이것을 나는 왜 원하는가? 무슨 이유로 그것이

나에게 꼭 필요한가?"

내가 아는 한 여인은 남편의 회심을 위하여 기도하고 있었다. 그녀는 이렇게 말했다.

"제 남편이 저와 함께 교회에 나간다면 더없이 기쁘겠어요. 그리고 제가 생각하고 느끼는 것처럼 제 남편도 그럴 수 있다면 더할 나위가 없겠어요."

그때 내가 "당신 남편이 예수 그리스도를 거부하기 때문에 하나님을 욕되게 하고 있다는 사실을 생각해보셨나요?"라고 물었다. 그러자 그녀는 한 번도 그렇게 생각해본 적이 없다고 대답했다. 단 한 번도! 남편이 자신을 고민에 빠지게 했으며 슬픔에 젖게 했다는 사실은 잘 알고 있었다. 그러나 그녀는 자기 남편이 위대하고 거룩하신 하나님을 욕되게 하고 분노하게 했다는 사실에 대해서는 단 한 번도 생각해본 적이 없었다.

우리 주님이 기도를 듣고 응답하시기까지 이 여인의 마음 상태가 얼마나 무한정 달라져야 하겠는가! 상황을 이기적인 관점으로 바라보는 한 그녀가 응답을 기대할 수 있겠는가? 그렇지 않다.

"오! 나의 하나님, 제 남편이 주님을 욕되게 하기에 제 마음이 쓰라린 아픔과 슬픔으로 가득합니다. 제 남편이 죄인들을 위해 흘리신 예수 그리스도의 보혈과 완전하신 희생을 멸시하기 때문에 제 영혼이 괴롭습니다!"

그와 마찬가지로 부모가 자녀를 구원해 달라는 기도 제목으로 간청할 때 부모가 하나님과 공감한다면 하나님도 부모와 공감하실 것임을 우리는 기억해야 한다. 자녀가 하나님이자 구세주를 사랑하고 섬기지 않기 때문에 부모가 크게 근심하고 있다면 우리 주님은 부모의 마음과 깊이 공감할 수 있는 쪽으로 가장 확실하게 나아갈 것이며 부모의 간청에 응답하기를 기뻐하실 것이다. 자기 남편을 위하여 기도하는 아내에 대해서도 마찬가지며 친구를 위하여 기도하는 사람에 대해서도 보편적으로 그렇다. 위대하신 하나님은 이렇게 말씀하시는 것처럼 보인다.

"만약 너희가 나에게 공감한다면 나도 너희와 공감할 것이다."

하나님은 무한히 공감하는 존재이시며 그분의 피조물들이 느끼는 거룩한 감정을 충분히 살필 수 있는 분이시다.

우주에 있는 하나님의 가장 겸손한 종들에게 하나님의 명예와 영광을 위하여, 그리고 하나님 나라의 안녕에 관하여 진실한 존경을 느끼도록 하라. 그러면 모든 존재의 무한하신 아버지께서 얼마나 신속하게 갚아주시겠는가! 온 땅과 하늘의 무수한 피조물 가운데 하나가 하나님을 질투하도록 하라. 그러면 분명히 하나님도 그 존재를 질투하실 것이며 하나님의 약속을 성취할 수단을 찾으실 것이다.

"나를 영예롭게 하는 사람을 내가 영예롭게 하리라."

그러나 만약 당신이 하나님을 제대로 느끼지 못하고 그분의 편에 서지 못한다면, 하나님이 당신을 느끼고 당신 편에 서리라고 요청하고 기대하는 것은 헛된 망상에 지나지 않을 것이다.

* * * * *

우리의 관심이 하나님과 하나님 나라의 관심사에 녹아들 때 하나님은 우리에 관한 모든 것을 모아들여서 우리에 대한 사랑의 깃발을 흔드신다. 그러면서 그분과 나누는 교제를 통해 이루 다 말할 수 없는 친근함으로 우리 마음을 인도하신다. 이것은 사실상 매우 큰 축복이다. 그런 다음에라야 영원하신 하나님이 우리 하나님이 되시며, 우리 안에 그분의 전능하신 손길이 있게 된다. 사랑 어린 진실한 자녀를 향한 하나님의 무한하신 사랑으로 말미암아 태어난 것보다 더 강력하고 더 부드러운 사랑은 절대 있을 수 없다. 그러한 영으로 드린 기도에 응답하실 하나님은 당신을 위해 온 천지를 기꺼이 움직이실 것이다.

다시 말해 하나님의 공감 속으로 우리를 푹 빠져들게 하는 것은 우리의 가장 깊숙하고도 온전한 감정들이 오직 하나님의 뜻과 완벽한 조화 속에서 뿜어져 흘러나올 때까지 온 마음을 다해 하나님께 순복하는 것이다. 그러면 우리는 하나님의 뜻 이외에는 다른 어떤 뜻도 알지 못하며, 하나님과 공감하는 것 외에는 다른 어떤 감정도 느끼지 않는 상태로 하나님을 전적으로 받아들이게 된다. 그러면 축복의 물결이 끊임없이 우리에게 흘러넘칠 것이다.

그러므로 우리는 스스로 축복받을 자세를 취해야 한다. 그러면 우리 영혼과 하나님 나라에 유익한 모든 것을 받아 누릴 수 있게 될 것이다. 당신이 부르기 전에 하나님은 응답하실 것이며, 아직 당신이 간구하는 동안이라도 하나님은 이미 행하실 것이다. 하나님 앞에서 커다란 기대감과 강력한 믿음으로 당신 영혼을 넓게 열어젖히라. 그러면 그것을 받아들이기에 충분한 공간이 남아 있지 않을 때까지 커다란 축복을 넘치도록 받아 누리게 될 것이다.

"구하라, 그리하면 너희에게 주실 것이요 찾으라, 그리하면 찾아낼 것이요
문을 두드리라, 그리하면 너희에게 열릴 것이니 구하는 이마다 받을 것이요
찾는 이는 찾아낼 것이요 두드리는 이에게는 열릴 것이니라"(마 7:7-8).

:
:

끊임없는 기도로
하나님을
설복하라

C·H·A·P·T·E·R·04
낙심하지 말고 항상 기도로 나아가라

예수께서 그들에게 항상 기도하고 낙심하지 말아야 할 것을 비유로 말씀하여. 누가복음 18:1.

우리가 하나님을 의지해야 한다는 것은 보편적인 사실이며 모든 일에 적용된다. 이 사실은 누구나 인정하는 것이다. 무신론자를 제외한 누구도 감히 여기에 이의를 제기하지 못할 것이다. 기도는 우리 본성의 명령이다. 우리 본성의 목소리를 통하여 이와 같은 임무는 가능한 한 분명하게 드러난다. 우리는 필요에 따른 압박을 느끼며 우리의 본능은 그런 기도를 통하여 안도감이라는 고차원적인 경지에 도달하겠다고 부르짖는다.

당신은 이와 같은 광경을 선한 사람뿐만 아니라 가장 악한 사람의 경우에서도 찾아볼 수 있을 것이다. 악한 사람도 고난을 당할 경우

하나님께 도와달라고 부르짖는다. 사실상 인류는 모든 시대와 모든 나라에서 이에 대한 증거를 제공해왔다. 둘 다 기도의 보편적인 필요성을 보여주면서 위에 계신 하나님을 우러러보는 것이 우리 본성의 명령임을 보여준다.

하나님이 우리의 기도를 듣고 응답하신다는 것은 우리 마음의 본원적인 확신이다. 만약 사람들이 그렇지 않다고 생각했다면 그렇게 기도하지 않았을 것이다. 사람들이 자발적으로 기도한다는 점은 정말로 하나님이 기도를 들어주신다고 기대한다는 사실을 보여준다.

하나님은 절대 변하지 않는 분이라서, 그러므로 기도를 듣기 위하여 돌아앉지 않는 분이라서 기도하지 않겠다고 하는 것은 완전히 그릇된 생각이며 무지의 결과이다. 하나님의 불변성에 관해 무엇이 진리인지를 곰곰이 생각해보라. 하나님은 상황에 따라서 어떤 행위 과정을 절대로 바꾸시지 않는 분이 아니다. 그러나 그분의 성품이 절대 변하지 않는다는 것은 진리이다. 하나님의 자발적인 행위를 다스리는 그분의 본성과 원리가 영원히 변하지 않는다는 것은 진리이다. 하나님의 본성적이고 도덕적인 속성은 모두 영원히 변하지 않은 채로 남아 있을 것이다. 이것이 바로 하나님의 불변성에 관하여 이성적으로 추론할 수 있는 전부이다.

그렇다면 도대체 어떻게 하나님께서 기도를 듣고 응답하시는 것이 전혀 성품을 변화시키지 않는 것, 전혀 행동 원칙을 바꾸지 않는 것과 같은 의미일 수 있겠는가! 실제로 당신이 도대체 왜 하나님이 기도에 응답하시느냐고 묻는다면, 그 대답은 하나님은 절대 변하시지 않는 분이기 때문이라고 해야 할 것이다. 기도는 간구하는 자가 하나님 나라와 새로운 관계를 맺도록 이끈다. 이와 같은 새로운 관계를 충족시키기 위해서는 하나님의 변하지 않는 원칙이 오히려 하나님께 다스리는 과정을 바꾸도록 요구한다. 하나님은 언제나 변하시지 않고 자비로우신 분이기 때문에 오히려 기도에 응답하신다. 하나님께서 기도에 응답하시는 것은 하나님의 자비가 변하기 때문이 아니라 그 성품이 변하시지 않기 때문에 가능한 것이다.

감히 누가 하나님께서 기도에 응답하시는 것이 그분의 도덕적인 성품에 어떤 변화를 일으킬 수 있다는 의미라고 생각할 수 있겠는가? 예를 들어 어떤 사람이 기도 중에 회개한다면 하나님은 용서하신다. 만약 그 사람이 현재 저지르는 죄를 회개하지 않는다면 하나님은 용서하지 않으신다. 그렇다면 하나님의 불변성은 반드시 그분의 손으로 이와 같은 길을 선택하도록 요구해야 한다는 사실을 감히 누가 깨닫지 못하겠는가?

사람이 하나님을 향하여 자기 성품과 태도를 바꾸는데도 하나님이 그분의 행동을 바꾸시지 않는다고 생각해보라. 이것은 변덕스러움을 의미하는 것이며 일관성 있게 확립된 원칙이 전혀 없다는 뜻이다. 그러므로 하나님의 변하지 않는 선하심은 그분의 피조물들이 도덕적으로 변할 때 하나님이 순순히 그분의 길을 바꾸셔서 사람의 새로운 입장에 적절히 순응하신다는 의미를 내포하고 있어야 한다. 이런 때 다른 관점으로 바라본다는 것은 어리석은 생각이며 무지의 결과이다. 하나님이 시시때때로 변해야 한다는 일관되지 않은 견해를 사람이 고집하는 것은 이상한 일이다. 기도 응답으로 비를 내려달라거나 구하는 자들에게 필요한 어떤 영적인 축복을 내려달라고 억지로 하나님께 요구하는 것은 이상한 일이다!

도대체 우리는 왜 늘 기도하고 낙심하지 말아야 하는가?

누가복음 18장 말씀의 문맥 속에서 제시된 사례는 굉장히 강력한 것이다. 그것이 실제로 역사적인 사건이든지 그냥 비유에 지나지 않든지 간에 끈질긴 기도를 구체적으로 설명하기 위한 탁월한 사례라는 사실에는 변함없다. 가난한 과부는 끈질기게 요구했다. 이 과부는 계속 찾아오면서도 절대 낙심하지 않았다. 단지 끈기를 가짐으로써 성공을 거두었다. 하나님이나 사람의 시선을 개의치 않았던 재판관은 오히려 편하고 조용하게 살고 싶었다. 그리하여 이 과부의 이야기를 들어주고 요구하는 바에 응하는 게 훨씬 더 지혜로운 일이라고 생각했다.

"그 도시에 한 과부가 있어 자주 그에게 가서 내 원수에 대한 나의 원한을 풀어 주소서 하되 그가 얼마 동안 듣지 아니하다가 후에 속으로 생각하되 내가 하나님을 두려워하지 않고 사람을 무시하나 이 과부가 나를 번거롭게 하니 내가 그 원한을 풀어 주리라. 그렇지 않으면 늘 와서 나를 괴롭게 하리라 하였느니라"(눅 18:3-5).

이 재판관의 주장을 한번 들어보라. 하물며 절대 불의하지 않고 불쌍히 여기는 마음이 크고 깊으신 "하나님께서 그 밤낮 부르짖는 택하신 자들의 원한을 풀어주지 아니하시겠느냐?" 그 사람들의 기도에 응답하기를 지체하면서 "그들에게 오래 참으시겠느냐?" "내가 너희에게 이르노니 속히 그 원한을 풀어주시리라"(눅 18:7-8).

사람은 언제나 기도의 영향력이 필요하기에 항상 기도해야 한다. 기도 그 자체로 의미하는 바가 무엇인지, 그리고 기도가 당신에게 의미하는 바가 무엇인지 곰곰이 생각해보라. 기도는 하나님의 임재하심에 우리의 영혼을 푹 적셔준다. 기도는 하나님과 교제를 나누는 것이며, 그러한 교제의 신성한 영향력 아래 온 마음을 가져오는 것이다. 기도는 용서를 구하고 도와주시는 자비와 은혜를 찾기 위하여 하나님께로 나아가는 것이다. 그러니까 우리 마음과 인생에 기도의 영향력이 항상 필요하다는 사실이 얼마나 명백해지는가! 진실로 하나님이 항상 기도하라고 우리에게 명하신다는 사실에 전혀 놀랄 필요가 없다.

우리를 위하여 그분이 하시려는 모든 일을 실행하는 조건으로 하나님께는 우리의 기도가 필요하다. 하나님은 우리를 사랑하셔서 우리에게 필요할 뿐만 아니라 그분이 베풀어 주시기를 기뻐하는 수

많은 축복을 친히 바라보고 계신다. 그러나 우리가 예수님의 이름으로 그 축복을 구해야 한다는 조건을 충족시키지 않는다면 하나님은 그 축복을 베푸실 수가 없다. 하나님이 우리를 다루시는 것과 우리에게 축복을 허락하시는 것은 전적으로 우리의 관점과 품행에 달려 있다. 그러니까 우리가 모든 죄를 고백하고 단념하는지의 여부, 또한 우리가 하나님을 신뢰하면서 모든 일에서 철저히 하나님을 영화롭게 하는지에 달려 있다. 그리고 우리를 향한 하나님의 행동은 하나님에 대한 우리의 태도에 전적으로 달려 있다.

하나님이 마음껏 풍성하게 주실 수 있게 하려고, 특히 우리에게 안전하고 하나님에게 영예로운 방법으로 주실 수 있게 하려고 우리가 기도하고 신뢰해야 한다는 것은 어떤 도덕 체계를 유지하는 데 있어서 본질적인 부분이다. 하나님과 맺는 관계에서나 우리 자신과 맺는 관계에서나 그 어떤 것도 우리의 기도를 대신할 수 없다. 우리는 개인적인 기도, 고백, 신뢰, 찬양의 유익을 누리지 못하고서는 제대로 살아갈 수 없다. 당신은 이것을 아주 그럴듯한 다른 가르침으로 대체할 수 없다. 왜냐하면 이런 것이 우리 영혼의 경험 안으로 들어와야 하기 때문이다. 당신은 하나님 앞에서 그것을 느껴야 하며 주님 앞에서 온 마음으로 이러한 진리의 생명력과 능력을 실행해봐야 한다. 그렇지 않으면 그것들은 당신에게 알려지지 않는 것보다 더 나쁘다. 기도 없이는 이런 것 중에서 많은 부분을 이해하지 못할 것이다. 그리고 비록 그것을 나름대로 잘 이해한다고 하더라도 그

지식이 당신에게 단지 저주가 될 수도 있다.

죄인들이여, 무엇이 하나님과 직접 교제하는 것만큼 우리에게 그토록 유익할 수 있겠는가? 그로 말미암아 품게 되는 마음을 탐색하는 것, 겸손, 고백, 탄원과 같은 수많은 다른 것에도 그만한 쓰임새가 있다. 좋은 가르침도 많다. 하나님 말씀을 읽는 것도 축복이 될 수 있다. 다른 성도와 교제하는 것도 유익하다. 그러나 이 모든 것을 하나님과 개인적으로 교제하는 것과 감히 어떻게 비교하겠는가? 다른 어떤 것도 우리 영혼이 죄에 그토록 넌더리를 내게 하고 세상에 대하여 그토록 죽게 만들 수는 없다. 다른 어떤 것도 진정한 기도만큼 우리 영혼에 그토록 깊은 영적인 생명력을 불어넣지 못한다.

또한 기도는 하나님으로부터 온갖 축복을 받을 수 있도록 우리를 더 잘 준비시키므로 항상 끊임없이 기도로 나아가야 한다. 기도는 우주의 통치자이신 하나님을 기쁘시게 한다. 기도는 하나님이 우리를 축복하여 그분의 자비를 베풀 수 있는 자리로 우리를 인도하기 때문이다.

세계 역사를 자세히 살펴보라. 그러면 당신은 가장 진실한 기도를 드렸던 곳에서, 그 영혼이 하나님의 임재에 가장 깊이 스며들었던 곳에서 하나님이 가장 풍성하게 그 영혼을 축복하셨다는 사실을 발견하게 될 것이다. 그 옛날의 거룩한 사람들이 얼마나 신실하고 강력하게 기도를 드렸는가에 따라 유용성과 능력에서 두드러졌다는 사실을 누가 알지 못하겠는가? 점점 더 많이 기도할수록 우리는 점점 더 많이 밝은 빛을 비추게 될 것이다. 만약 인간의 이성이 우리를 데려가는 것보다 더 멀리 신성한 곳으로 나아가지 않는다면 사실상 하나님으로부터 거의 아무것도 얻지 못할 것이다.

점점 더 많이 기도할수록 기도를 사랑하게 되고 점점 더 많이 하나님을 누리게 될 것이다. 다른 한편으로 점점 더 많이 기도할수록, 진정한 기도로 나아갈수록 하나님은 점점 더 많이 우리 안에서 참된 기쁨을 맛보실 것이다. 이것은 단지 자비만을 기대하는 것이 아니다. 왜냐하면 하나님은 모든 사람에게 자비로우신 분이기 때문이다. 그러나 하나님은 그 성품에 대해 깊은 만족을 느낀다는 의미에서 그분의 기도하는 자녀를 기뻐하신다.

우리가 점점 더 많이 기도할수록 하나님은 우리를 기뻐하시고 우리의 기도를 들으신다는 사실을 다른 사람에게 드러내기를 좋아하신다. 만약 하나님의 자녀가 많이 기도하는 삶을 살아간다면 하나님은 다른 사람이 기도하도록 격려하는 방편으로 그 자녀를 영예롭게 하실 것이다. 그러면 그 자녀는 하나님께 축복받을 것이며 자신에 대한 하나님의 축복이 다른 사람에게 선한 결과를 가져올 수 있도록 하는 자리로 나아가게 될 것이다. 그리하여 하나님의 마음속에 품은 자비심이 더 많이 흘러나오게 할 것이다.

우리는 절대로 기도가 필요하지 않은 어떤 자리로 나아갈 수 없다. 하늘에 있는 성도는 아예 기도가 필요하지 않다는 이야기를 도대체 누가 믿겠는가? 진실로 천국 성도들은 온전한 믿음을 가지고 있을지 모르지만 이것은 기도를 가로막기는커녕 오히려 기도를 훨씬 더 많이 확실하게 보증한다. 사람들은 이상하게도 단지 온전한 믿음이 있기만 하다면 기도를 멈추게 될 것이라고 추론해왔다. 그 어떤 추론도 이보다 더 어리석을 수는 없다. 그러니까 확실히 우리는 절대 기도를 뛰어넘는 어떤 응답도 받을 수 없다.

만약 나에게 시간이 많았다면 그리스도인이 성결함에서 자라갈 때 기도하는 방식이 얼마나 다양한지 분명히 보여주고 싶었을 것이다. 그리스도인은 상당히 많이 기도할 뿐만 아니라 기도하는 법에 관해서도 잘 알고 있다. 자연스러운 일상생활이 주로 영성생활과 서로 뒤섞여 있을 때, 그 영혼이 하나님께 점점 더 가까이 나아갈 때 우리를 스치고 지나가는, 겉으로 보기에 그럴듯한 감격이나 흥분이 있다. 당신은 그런 흥분, 동물적인 흥분에 지나지 않는 것들이 충분히 존재한다고 생각하겠지만 우리 영혼의 깊은 수원지에는 하나님과 깨어지지 않은 공감이 유유히 흘러들고 있다.

우리 마음이 점점 더 많이 하나님을 호흡할수록, 점점 더 많이 천국을 소망하면서 하나님을 향하여 일어날수록 우리의 기도는 점점 더 많이 유용해진다. 성숙한 그리스도인은 하나님께로 가까이 나아감에 따라 기도하는 가운데 점점 더 많은 유익을 얻는다는 사실을 발견한다. 점점 더 많이 기도할수록 자신의 영적인 유익을 위한 기도의 필요성과 지혜를 점점 더 많이 깨닫게 된다.

기도가 죄인에게 너무나 커다란 특권이라는 사실은 기도를 들으시는 하나님께는 훨씬 더 명예로운 일로 다가오게 한다. 어떤 사람은 기도가 하나님께 수치스러운 일이라고 생각한다. 이 얼마나 놀라운 생각이란 말인가! 그들이 말한 바로는 하나님의 진정한 위대하심은 우리 같은 존재에 대해서는 전혀 생각하지 않을 정도로 우리보다 훨씬 더 높은 곳에 계신다는 데 있다는 것이다. 하지만 하나님은 전혀 그렇지 않으시다. 하나님은 천사장이 타락하는 것에 대해서도 참새 한 마리가 땅에 떨어지는 것에 대해서도 무척 신경을 쓰신다. 하나님의 눈앞에서는 우리 주변에서 일어날 수 있는 어떤 사건도 전혀 관심을 기울이지 못할 만큼 하찮은 일이 아니다. 어떤 벌레도 그분의 주목과 사랑을 받지 못할 만큼 작은 것이 아니다.

하나님의 무한하신 영광은 바로 이와 같은 사실에서도 명확히 드러난다. 곧 어떤 것도 그분의 관심을 받기에 너무 고상하거나 너무 시시하지 않다. 어떤 것도 너무나 무의미하여 하나님의 불쌍히 여김을 받지 못할 정도는 아니다. 어떤 것도 너무나 시시하여 하나님의 친절함을 받지 못할 정도는 아니다.

많은 사람이 기도를 특권이 아니라 단지 의무인 것처럼 이야기하지만 이런 관점으로 기도를 바라본다면 하나님이 받으실 만한 기도를 절대 올려드릴 수 없다. 어떤 요구사항을 가득 안고 당신의 아이들이 당신에게 기도하면서 달려올 때 그것이 의무이기 때문에 그렇게 하는 것인가? 그것이 아니다. 특권이기 때문에 당신에게 달려오는 것이다. 아이들은 그것을 자기네 특권으로 간주하고 있다. 다른 아이들은 당신에게 이런 식으로 느끼지 않는다. 그러니까 이것은 굉장히 놀라운 특권이다! 도대체 누가 기도에 대해 제대로 알지 못한단 말인가? 기도가 특권이라고 느끼지 못하고 있단 말인가? 이런 깨달음이 끈기 있는 기도를 계속하기에 충분하지 않은가! 당신에게 축복이 필요한가? 그것이 지체되고 있는가? 항상 기도하고 낙심하지 말라. 그러면 결국에는 당신에게 필요한 모든 것을 얻게 될 것이다.

도대체 우리는 왜 항상
기도하지 못하는 것인가?

　　　　　하나님을 향하여 마음에 앙심을 품을 때 사람들은 부끄럽고 두려운 마음으로 기도하게 된다. 그런 사람은 하나님을 너무나 강하게 싫어하기 때문에 기도하는 가운데 하나님께로 가까이 나아가겠다고 쉽사리 마음먹을 수가 없다.

　어떤 사람은 스스로 의로운 나머지, 그리고 스스로 어리석은 나머지 기도할 마음을 아예 갖지 못한다. 사람의 자기 의는 기도하지 않아도 충분히 강하다고 스스로 느끼게 하며, 이들의 자기 무식은 자신의 실질적인 필요를 제대로 느끼지 못하게 한다.

　불신앙은 사람이 기도하지 못하도록 가로막는다. 불신앙을 가진 사람은 하나님이 기도에 응답할 준비를 하고 계신다는 확신을 충분히 소유하지 못한다. 당연히 그들 마음속에 있는 그런 불신앙은 항상 기도하지 못하게 할 것이다.

일관성 없는 추론과 궤변은 사람을 가로막는다. 나는 지금까지 그런 여러 가지 형태에 관해 넌지시 언급해왔다. 사람들은 말하기를 하나님은 변하시지 않는 분이기에 그분의 여정을 절대로 바꾸지 않는다고 한다. 그래서 설령 아무도 기도하지 않더라도 하나님은 분명히 옳은 일을 행하실 것이기 때문에 억지로 기도할 필요가 없다고 주장한다. 이런 하찮은 궤변이 환호받고 있는데 그런 종류의 무지한 생각이 문득 떠올라 걸려 넘어지게 만든다. 그 생각이 너무나 무지하고 아무런 개념이 없는 나머지, 이러한 허무맹랑한 개념에 커다란 영향을 받을 수 있다는 사실이 놀라울 따름이다.

여러 해 전에 기도에 반대하는 어떤 궤변이 떠올랐지만 그것이 너무나 터무니없어 보였기에 곧장 대응하지 않고 마음 한편으로 밀쳐놓았다. 예를 들면 하나님은 이미 온 우주의 기본 틀을 너무나 지혜롭게 만드셨기 때문에 이제 더는 기도할 필요가 없으며 기도할 여지도 없다는 것이다. 이제 나도 이런 주장에 대한 답변이 준비되었다. 하나님이 온 우주를 만드시고 질서정연하게 정돈하신 목적이 무엇이었는가? 그것이 단지 그분이 훌륭한 숙련공임을 보여주시기 위함이었는가? 너무나 숙련된 기술을 가지고 있어서 하나님을 한결같이 도와주는 대리자들이 없어도 스스로 온 우주를 충분히 운행하실 수 있다는 말인가? 이것이 하나님의 목적이었는가?

절대 아니다! 하나님의 목적은 이 우주에 지적인 존재들을 세워 놓은 다음, 그 존재들에게 자신을 계시하여 그들이 무한하신 하나님을 사랑하고 신뢰하도록 인도하려는 것이다. 이 목적은 모든 측면에서 한 분 하나님께 합당하고 가치 있는 숭고한 일이다. 그러나 이와 다른 개념은 끔찍한 것이다! 그것은 온갖 사랑 넘치는 속성을 지니신 하나님으로부터 일부분만 취하는 것이며, 그 하나님을 한낱 훌륭한 숙련공으로 치부하는 일이다.

하나님이 개인적으로 인간의 일상사에 계속해서 관여하신다는 생각은 모든 시대, 모든 사람의 마음속 곳곳에 널리 퍼져 있다. 사람은 곳곳에서 하나님이 그분을 계시하시는 모습을 지켜보았다. 사람은 그러한 하나님의 계시를 기대하고 있다. 그런 계시에 대한 믿음을 키워왔으며, 그것이 도덕적인 통치에 속한다는 확신과 사랑에 이와 같은 사실이 얼마나 본질적인지 목격해왔다.

날씨가 굉장히 습했다가 갑작스럽게 매우 건조해질 때 이런 질문이 생길 수 있다. 도대체 어떻게 당신이 하나님의 섭리를 의지할 수 있겠는가? 처음에는 그와 같은 질문이 나를 괴롭혔다. 그래서 잠시 가만히 멈춰 서서 그에 관해 한동안 곰곰이 생각한 다음 이렇게 다시 물어보았다. 도대체 하나님이 우리에게 날씨를 허락하신 목적이 무엇인가? 왜 하나님은 비를 보내거나, 또는 보내지 않는단 말인가?

만약 하나님의 목적이 가능한 한 많은 감자를 수확하는 것이라면 지금과 같은 기후환경은 가장 지혜로운 상태로 보기에는 어렵다. 그러나 만약 하나님의 목적이 우리에게 그분을 의지해야 한다고 느끼도록 하는 것이라면 이것은 가능한 한 가장 지혜로운 방법이다. 만약 하나님이 다음 10년 동안 우리가 먹기에 충분한 수확량을 1년 만에 거두게 하신다면 과연 어떻게 되겠는가? 우리는 아마 모두 무신론자가 되고 말지도 모른다. 아마도 하나님 없이도 그럭저럭 살아갈 수 있다고 생각할지도 모른다. 그러나 지금 하나님은 날마다 우리가 입을 꾹 다물고 오직 하나님만을 의지하게 하신다.

사람이 충분히 기도하지 않는 또 다른 이유는 실질적인 죄의식이나 어떤 영적인 결핍에 대한 의식이 없기 때문이다. 죄책감에 따른 양심의 가책을 느끼지 못하기 때문이다. 이와 같은 마음 상태에 있을 때 사람이 기도할 것이라고 기대할 수 없다. 극단적일 때 죄에 대해 깊이 깨달은 사람은 이후에 절망에 빠진 나머지 기도해도 아무런 유익이 없다고 생각하게 된다.

사람이 충분히 기도하지 않는 또 다른 이유는 성공적인 기도에 필요한 것에 관한 자기 의에 입각한 개념에서 발견된다. 어떤 사람은 이렇게 말한다. "전 너무나 타락해서 제 안에 아무것도 선한 것이 없기에 도저히 기도할 수 없어요." 이와 같은 반감은 모두 자기 의에 따른 개념에서 발견된다. 그런데 이것은 당신의 선한 행동이 하나님께서 당신의 기도에 응답하시기 위한 이유가 된다는 터무니없는 생각이다.

또한 어떤 경우에는 사람의 경험이 오히려 기도를 좌절시킨다. 사람들은 종종 기도해왔지만 별다른 성공을 거두지 못했다. 이것은 기도에 관하여 회의적인 태도를 보이게 했다. 그러나 사람이 기도에 실패하는 실질적인 이유는 끈기가 없어서였다. 항상 기도하고 낙심하지 말라는 교훈에 제대로 순종하지 않았기 때문이다.

* * * * *

기도하는 것은 시간 낭비가 아니다. 많은 사람이 기도가 주로, 또는 전적으로 시간 낭비라고 생각한다. 사람들은 말하기를 할 일이 많아서 기도로 시간을 낭비하고 싶지 않다고 말한다. 하지만 단언컨대 당신의 일이 어떻게든 이루어져야 한다면 그 일은 기도하면 할수록 점점 더 나아질 것이다. 아침 잠자리에서 조금 더 일찍 일어나 기도해보라. 그리고 어떤 희생을 치르든지 간에 기도할 수 있는 시간을 확보해보라.

공부하는 학생인가? 나도 경험을 통해서 잘 아는데 기도는 전혀 시간 낭비가 아니다. 만약 고전 문학이나 기하학 같은 것을 공부해야 하는 경우라면 나는 다른 무엇보다도 가장 먼저 기도할 것이다. 만약 단 두 시간만 준비하고 설교해야 하는 경우라면 나는 기도하는 데 한 시간을 투자할 것이다. 기도는 사고영역을 확장하고 환하게 비춰준다. 기도는 마치 주님의 임재 안으로 들어가는 것 같다. 당신은 기도가 어떻게 우리 마음에 놀랄 만한 자극을 주고, 우리 마음에 무한한 열정을 불붙이는지 잘 알고 있다. 이처럼, 아니 이보다 훨씬 더 많이 기도는 하나님께 실질적인 접근을 가능하게 해준다.

탁월하게 기도하는 사람을 제외하고는 누구도 완전한 신앙적인 교사가 아니다. 아무리 과학과 문학에 뛰어난 소양을 지녔다 하더라도 기도하지 않는 사람이라면 그 사람을 신뢰할 수 없다. 기도의 영은 그것 없이 배우는 인간적인 지식보다 훨씬 더 엄청난 가치를 지녔다. 만약 직접 선택할 수만 있다면 나는 천사장 가브리엘의 지력보다는 기도하는 가운데 하나님과의 대화를 택할 것이다. 내가 지금 배움과 지식의 가치를 무시해서 이렇게 말하는 것은 아니다. 왜냐하면 엄청난 재능과 배움이 많은 기도와 더불어 성별될 때 그 결과는 강력한 능력을 갖춘 지성으로 변모할 것이기 때문이다.

기도하지 않는 사람은 기도 응답과 관련한 여러 가지 사실을 이해할 수 없다. 도대체 그들이 무엇을 알 수 있겠는가? 그러한 것들은 전혀 믿을 수 없는 것처럼 보일 수밖에 없을 것이다. 그들은 그런 경험을 맛보지 못했다. 사실상 그들의 온갖 경험은 하나님의 뜻과 정반대 방향으로 나아가고 있다.

하나님과 살아 있는 대화를 지속하는 사람은 쉽사리 입 밖으로 꺼낼 수 없는, 오히려 이야기하지 않는 편이 훨씬 더 나은 많은 것을 알게 된다. 아주 어린 회심자였을 때 나는 한 노파(老婆)를 알고 있었는데 그 당시에 그분의 신앙심과 기도가 예사롭지 않아 보였다.

그분과 함께 있으면 그다지 많은 이야기를 할 필요가 없었다. 거기에는 굉장히 놀라울 정도로 충격적인 무언가가 있었다.

이 노파는 자기 아들의 구원을 위하여 오랫동안 매우 간절하게 기도했다. 마침내 그 아들이 예수님을 영접하자, 그 노파는 이렇게 말했다.

"내가 경험한 것을 지금까지 아무에게도 이야기하지 않았는데 말이다. 난 사실 지난 30년 동안 다른 사람을 정죄하는 일은 한 번도 하지 않았단다. 이 모든 시간 동안 나는 어떤 죄악도 범하지 않았다고 자부하고 있단다. 내 영혼은 아무런 방해도 받지 않고서 하나님과 교제하는 것을 즐겨왔으며 기도하는 중에 하나님의 속죄소 앞으로 끊임없이 나아갔단다."

그러면서 자기 아들에게도 기도로 하나님과 끊임없이 교제하라고 당부했다.

기도는 목회적 성공을 거두기 위한 커다란 비결이다. 어떤 사람은 그 비결이 재능이나 재주에 있다고 생각하지만 전혀 그렇지 않다. 어떤 목회자가 온갖 인간적인 지식으로 단단히 무장되어 있을 수도 있지만 기도가 없다면 그 사람이 도대체 무엇을 할 수 있겠는가? 그런 목회자는 도저히 다른 성도의 마음을 움직이거나 다스릴 수 없다. 하나님과 조화를 이루어서 순수한 얼굴로 교제하는 가운데 살아가지 않는다면 그 목회자는 아무것도 꾀할 수가 없다. 오직 그렇게 살아갈 때만 그는 하나님을 통하여 강력하게 영혼들을 그리스도께로 인도할 수 있다.

그러므로 우리는 다른 무엇보다도 먼저 우리에게 허락하신 성령을 통하여 그분의 기도하는 종에게 강력하게 역사하시는 하나님을 의지해야 한다. 우리가 의지해야 할 원천으로 기도를 다른 어떤 수단보다 더 소중하게 여겨야 한다. 풍성하고 헌신적이며 간절하고 살아 있는 믿음으로 가득한 기도를 말이다. 이러한 여정은 우리 시대에 가장 만연해 있고 위기에 처해 있는 실수 가운데 하나를 효과적으로 교정하게 할 것이다.

나는 너를 애굽 땅에서 인도하여 낸 여호와 네 하나님이니 네 입을
크게 열라. 내가 채우리라 하였으나. 시편 81:10.

물론 시편 81편의 말씀은 비유적인 표현이다. 그렇다면 이것은 우리
가 일단 입을 크게 열기만 한다면 그것이 뭔지도 모르는 것을 하나
님이 우리 입 안에다 가득 채워주시겠다는 문자적인 의미인가? 아
니다. 이것은 구약시대의 교회에 전하신 말씀이며 그 정신은 모든
시대의 교회에 전달되는 것이다.

그래서 8절부터는 이렇게 말씀하신다.

"내 백성이여 들으라. 내가 네게 증언하리라. 이스라엘이여 내게 듣
기를 원하노라. 너희 중에 다른 신을 두지 말며 이방 신에게 절하지
말지어다. 나는 너를 애굽 땅에서 인도하여 낸 여호와 네 하나님이

니 네 입을 크게 열라. 내가 채우리라."

그러니까 여기 사용된 표현은 다분히 비유적이며, 다음과 같은 방식으로 이해해야 한다.

하나님은 우리에게 큰 것을 구하라고 명령하신다. 이 명령은 단지 '네 입을 열라'는 것이 아니라 '네 입을 크게 열라'는 것이다. 최대한 많은 것을 채울 수 있도록 충분히 크게 열라는 뜻이다. 이것은 우리가 큰 것, 곧 우리가 상상할 수 있는 한 가장 커다란 것을 하나님께 간구해야 한다는 말씀으로 이해해야 한다.

우리는 단지 피조물일 뿐이므로 우리의 생각은 아주 얕은 데 머물러 있다. 그런데 이 명령을 내리신 성령은 우리 아버지께 큰 것을 달라고 간구해야 한다고 말씀하고 계신다. 우리의 유한한 능력으로도 "우리 가운데서 역사하시는 능력대로 우리가 구하거나 생각하는 모든 것에 더 넘치도록 능히 하실 이"(엡 3:20)를 얼마든지 상상할 수 있다. 그러므로 우리는 아주 큰 것을 간구해야 한다. 그러면 하나님은 그것을 허락해주실 것이다.

이 말씀이 의미하는 또 다른 내용은 우리가 구하는 큰일이 이루어질 것으로 기대해야 한다는 점이다. 하나님을 영화롭게 하려고 간절히 구해야 하고, 크게 구해야 하며, 끈기 있게 구해야 한다. 여기서 모든 간청은 올바른 동기로 예수 그리스도의 이름으로 구해야 한다는 점을 덧붙여야겠다.

내가 채우리라는 약속에
내포된 의미는?

'네 입을 크게 열라'는 명령에 이어서 "내가 채우리라"는 약속이 뒤따른다. 이 말씀에는 하나님이 우리에게 관심을 두고 계신다는 의미가 내포되어 있다. 만약 하나님이 우리에게 무관심하시다면 도대체 무엇 때문에 이렇게 말씀하시겠는가? 하나님이 우리에게 무관심하시다면 도대체 왜 그분은 우리 입을 크게 열어서 그분께 큰일을 구하라고 권고하시는 것일까? 이 말씀에는 분명히 하나님께서 이런저런 이유로 그분의 교회와 그 교회를 구성하는 각 성도에게 당연히 지대한 관심을 두고 계신다는 의미가 내포되어 있다.

거기에는 하나님이 우리에게 요구하신 일에도 역시 관심을 두고 계신다는 의미가 내포되어 있다. 하나님은 그분이 약속하신 위대한 것들을 우리에게 베푸시는 데도, 그리고 그분이 우리에게 요구하시는 것들을 충분히 할 수 있도록 우리가 위대한 것들을 소유하는 데도 관심을 두고 계신다.

하나님의 충분한 예비하심

하나님은 모든 상황에 맞추어 우리를 위하여 예비해두셨다. 하나님이 요구하시는 것을 수행하도록 도와주시는 은혜를 약속하지 않으신다면 그분은 자기 백성에게 위대한 일을 요구하지 않으실 것이다. 그러나 하나님은 자기 백성에게 위대한 일을 상당히 많이 요구하신다. 그분은 자기 백성에게 세상을 정복하도록 요구하시며, 세상과 사회를 유지하기 위한 다양한 관계 안에서 아주 많은 다른 일을 요구하신다.

이제 당신은 자신에게 요구되는 일을 성취할 수 없다고, 당신의 연약함이나 부족함 때문에 이런저런 일을 할 수 없다고 불평해서는 안 된다. 왜냐하면 하나님은 그분의 뜻을 행할 수 있는 능력을 허락하시기 위하여 당신이 입을 크게 열면 거기에다 채워주실 것이라 말씀하고 계시기 때문이다. 하나님은 당신에게 요구되는 일을 충분히 할 수 있게 하실 것이다. 그러니까 이 말씀에는 하나님이 개인적으로 우리에게 관심을 두고 계시며, 우리가 구하는 것을 허락하시는 데 커다란 관심을 두고 계신다는 의미가 내포된 것이다. 하나님은 그분의 충만하심을 통하여 우리에게 필요한 모든 것을 얼마든지 공급하실 수 있으며, 그분이 우리에게 요구하시는 모든 것을 성취할 수 있게 하려고 우리가 원하는 모든 것을 충분히 제공하실 수 있는 분이시다.

이 말씀은 특별하여 각자의 인생에서 갖가지 독특한 관계를 유지하는 다양한 부류의 개인을 대상으로 삼고 있다. 그리고 어떤 상황에 있든 간에 이 말씀은 당신의 특별한 필요와 긴밀하게 관련되어 있다.

"네 입을 크게 열라. 그러면 내가 채우리라."

하나님께서 각 개인에게 관심을 두고 계신다는 사실을 모든 사람이 이해하는 것은 굉장히 중요한 문제이다. 하나님은 모든 것을 참작하고 계신다. 그분은 우리를 다양한 관계 속에 놓아두셨다. 그러므로 그분은 우리에게 관심을 두실 수밖에 없다. 그분은 우리에게 요구되는 모든 것을 할 수 있을 만큼 충분한 은혜를 베푸실 수 있으며, 결과적으로 우리가 그분의 이름을 영예롭게 하고 영광을 돌릴 수 있게 하신다. 사람은 저마다 이 사실을 충분히 신뢰할 수 있어야 한다. "나는 여호와 네 하나님이라." 여기에는 "나는 네 하나님이다. 네 입을 크게 열라. 그러면 내가 채우리라"는 뜻이 내포되어 있다. 이 말씀은 인생에서 갖가지 관계를 맺은 모든 개인에게 적용된다.

자, 이제 당신의 관계들은 어떤지 한번 생각해보라. 그것이 무엇이든지 상관없이 당신의 환경, 당신의 특별한 시험, 어려움, 책임, 그리고 당신이 수행하도록 부르심을 받은 소명을 한번 생각해보라. 남녀노소, 부자든 가난하든, 영향력이 있든 그렇지 않든 상관없이 오직 이름을 부르면서 당신에게 말씀하시는 하나님을 이해하도록 하라. 오직 "나는 여호와 네 하나님이니 네 입을 크게 열라. 내가 채우리라"고 당신에게 말씀하시는 하나님을 이해하도록 하라. 하나님은 당신이 그분의 자녀로서 그분에게 가치 있는 방식으로 이러한 책임을 감당하는 데 관심을 두고 계신다.

나는 종종 불신앙의 중대한 의미에 관하여 생각해보곤 한다. 불신앙이 너무나 커서 하나님의 약속에 포함된 은밀한 의미의 깊이를 쉽게 간과하는 사람이 많다. 그리하여 성경에서 분명히 밝힌 명백한 여러 사실에 걸려 넘어지고 만다.

영국 왕이 자기 아들을 유럽대륙이나 미국으로 파견하면서 이렇게 말했다고 가정해보자.

"자, 아들아! 이제 너는 낯선 사람 틈에서 지내게 될 터인데, 네 막중한 책무를 항상 기억하도록 해라. 너는 영국 왕실의 왕자이며 나 대신에 영국을 대표하는 거란다. 사람들은 너를 보면서 나에 대한 견해를 품게 될 것이며, 네 성품을 보고서 내 성품을 평가하게 될 것이다. 그것은 아마도 자연스러운 결과란다. 자, 이제 네가 어디를 가든지 사람들의 눈이 너에게로 향할 것이며, 내 명예가 곧 네 행동에 따라 달라질 것이다.

나는 너에게 지대한 관심이 있단다. 첫째, 네가 내 아들이기 때문이요, 둘째, 나를 개인적으로 모르는 사람들 사이에서 네가 나를 대표하기 때문이란다. 그러므로 나의 이름이 헛되지 않도록 특히 유념할 수밖에 없겠지. 그러니까 아주 특별하고 막중한 여러 가지 이유로 네가 왕자로서 품위를 잃지 않기를 바란단다. 네가 당연히 그렇게 할 수 있을 테지만 너에게는 항상 그렇게 할 수 있는 수단이 얼마든지 있단다.

네가 대표하는 아비와 나라의 명예를 실추시키는 어떤 종류의 궁색한 모습도 절대 보여서는 안 된다. 마음껏 나를 이용해도 좋다. 물론 네 정욕을 따라 불필요하게 함부로 탕진해서는 안 될 것이다.

왜냐하면 그러한 행위는 너 자신을 더럽힐 뿐만 아니라 나에게도 불명예를 안길 것이기 때문이다. 그러나 대영제국의 주권을 충분히 대표하려는 목적으로 네가 원하는 것이라면 무엇이든 마음껏 가져도 좋다. 큰 꿈을 꾸면서 항상 이것을 기억하기를 바란다.”

자, 이제 하나님이 낯선 사람들로 가득한 세상에 그분의 백성을 놓아두셨다는 사실을 주목하라. 하나님은 다양한 관계 속에 그분의 백성을 놓아두셨다. 하나님은 그들이 하나님의 백성이며, 또한 이 세상에서 하나님의 대표자이기도 하다는 사실을 기억하도록 권고하신다. 그래서 하나님은 이렇게 말씀하신다.

“나는 너희가 나를 영예롭게 할 수 있는 이러한 관계 속에 너희를 놓아두었다. 나는 너희를 나의 자녀로서 사랑한단다. 나는 너희를 구속하기 위하여 내 아들을 내주었단다. 그래서 너희를 향한 나의 개인적인 관심을 증명해 보였단다. 나는 항상 너희가 부름받은 숭고한 소명에 걸맞게 걸어가기를 바란단다. 너희는 반항적인 세상 한가운데서 나를 대신하는 대표자임을 기억하기를 바란다. 그러므로 ‘이같이 너희 빛이 사람 앞에 비치게 하여 그들로 너희 착한 행실을 보고 하늘에 계신 너희 아버지께 영광을 돌리게 하라.’”

우리를 향한 하나님의 관심은 우리가 주로 그분을 구할 수밖에 없도록 이끄신다. 하나님 아버지로서 그분의 구속받은 자녀인 우리에 대한 그분의 본질적인 관심은 굉장히 지대하시다. 사실상 모든 관점에서 하나님은 우리에게 가장 깊은 관심을 두고 계신다. 우리가 하나님께 불명예를 돌릴 수 없는 이유는 하나님이 우리에게 모든 책임을 감당하고 모든 의무를 수행할 수 있는 은혜를 주시겠다고 말씀하고 계시기 때문이다. 하나님은 말씀하신다. "나는 여호와 네 하나님이니 네 입을 크게 열라. 내가 채우리라." 그리고 또 이렇게 말씀하신다. "내가 너에게 필요한 모든 것을 공급해주겠다. 나는 그렇게 하기를 기뻐하노라. 나는 그렇게 하기를 즐거워한단다. 나는 그렇게 하는 것에 지대한 관심이 있단다." 그러므로 우리는 자신에게 필요한 모든 것을 충족시키기 위하여 충분히 큰 것을 구하고 충분히 자신 있게 구하며 충분히 끈기 있게 구해야 한다.

또한 "나는 여호와 네 하나님이니 네 입을 크게 열라. 내가 채우리라"는 말씀에는 우리에게 필요한 것을 공급하기 위하여 하나님이 예비하신다는 것과 하나님의 능력은 너무나 거대하시기에 어떤 것이 우리에게 필요한지는 너무 신경 쓰지 않으며, 또한 그분의 능력을 넘어서는 요구는 아무것도 없다는 의미가 내포되어 있다. 그러므로 하나님은 그분의 은혜가 우리에게 충분하다고 말씀하신다. 그분은 우리가 너무 많은 것을 요구하고 있다고 주의를 주는 게 아니라 성경의 다른 부분에서와 마찬가지로 여기서도 아무런 제한 없이 요청하라고 말씀하신다.

"너희가 내 안에 거하고 내 말이 너희 안에 거하면 무엇이든지 원하는 대로 구하라. 그리하면 이루리라"(요 15:7).

물론 이 말씀은 이기적이고 부적절한 이유가 아니라 하나님의 영광을 위해 올바른 이유로 '무엇이든지 원하는 대로' 구하라는 뜻이다.

우리는 하나님 안에서 아무런 제한도 받지 않는다. 이것은 하나님이 요구하시는 어떤 일을 성취하기 위하여 우리가 주저해서는 안 된다는 뜻이다. 하나님이 "나는 여호와 네 하나님이니 네 입을 크게 열라. 내가 채우리라"고 말씀하고 계시기 때문에 그분 안에 있는 우리에게는 아무런 제한이 없다. 우리가 놓일 수 있는 어떤 환경이나 관계에서도, 또는 무슨 일을 성취하라고 부르심을 받든지 간에 결코 하나님 안에서 스스로 제한받고 있다고 생각해서는 안 된다.

만약 하나님이 그분의 백성에게 세상을 정복하러 나가라고 요구하신다면 그 백성은 풍족하게 땅을 차지할 수 있게 될 것이다. 하나님 안에서 확신하고 그분의 이름과 능력으로 땅을 차지하게 될 것이다. 만약 하나님이 도성을 에워싸서 양각 나팔을 불라고 말씀하신다면 여리고 성은 분명히 무너져 내릴 것이다. 거기에는 조그마한 실수도 있을 수 없다.

이와 같은 약속과 명령에는 만약 하나님이 요구하시는 일에 순종하지 못하고 오히려 어떤 영역에서 실패한다면 그 책임이 하나님께 있는 것이 아니라 우리에게 있다는 뜻이 내포되어 있다. 그 잘못이 우리에게 있으므로 '하나님의 신비스러운 주권'으로 결론을 내려서는 안 된다. 만약 우리에게 잘못이 있다면 그것은 주권을 행사하시는 하나님이 자기 능력을 철회했기 때문이 아니라 자유 의지를 가진 우리가 그 약속을 제대로 수행하지 못했기 때문에 실패한 것이다.

큰 것을 요구함으로써 하나님이 영광을 받으신다.

이 명령과 약속에는 우리가 요청하는 크기에 따라서 하나님이 스스로 영광 받으신다는 의미가 내포되어 있다. 만약 우리가 아주 사소한 것을 구한다면 거기에는 우리가 기꺼이 하나님께 어떤 거대한 것을 기대하지 않거나 그럴 수 없는 우리의 모습을 보게 된다는 의미가 숨어 있다. 자신이 너무나 무가치하여 자신의 빈약한 요청에 대한 응답으로 어떤 거대한 것을 받으리라고 감히 기대할 수 없다는 뜻이다. 그러나 이것이 과연 진정한 겸손, 또는 자발적인 겸손이겠는가? 이것이 칭찬받을 만한 마음 상태이겠는가?

"우리의 기도가 너무나 빈약하여, 너무나 무가치하여, 우리는 그에 대한 응답으로 많은 것을 받으리라고 기대할 수 없습니다. 우리에게는 위대한 일을 구할 만한 충분한 확신도 없습니다. 그리하여 결국에는 별생각 없이 그냥 충분히 받을 수 있으리라고 예상되는 조그만 것만을 구하게 됩니다." 이것이 과연 올바른 순종인가? 아니다. 이것은 바로 하나님이 책망하시는 고의적인 겸손이다. 다시 말해 다름 아닌 '자기 의'일 뿐이다.

하나님의 자비하심이 얼마나 광대하신지, 그분의 약속이 얼마나 엄청난 것인지, 그분의 마음이 얼마나 거대한지를 생각하면서 자기 기도 제목을 신중히 선택하는 대신에 자신의 무가치함에 따라 기도 제목을 선택하려는 사람에게는 어떤 잘못된 마음 상태가 자리 잡고 있을 수밖에 없다. 잘 생각해보라. 한 개인이 그런 기분으로 기도 제목을 선택한다면 실상은 단지 지옥밖에는 구할 게 없을 것이며, 그보다 더 나은 건 아무것도 기대할 수 없을 것이다. 이런 사람들은 자기 자신을 기도의 기준으로 삼을 뿐이다.

그러나 우리가 하나님의 약속, 하나님의 신실하심, 예수 그리스도 안에 있는 하나님의 풍성하신 은혜, 그리고 하나님의 영원한 사랑에 의지한다면 하나님의 백성을 위하여 저장된 무한한 축복이 기다리고 있다. 이것은 선한 마음의 소유자이신 하나님이 사람들에게 강권하려고 애쓰시는 부분이다. 그러므로 기도하라. "어떻게 하면 우리의 엄청난 무가치함이 오히려 하나님의 은혜와 자비를 우리에게 권하도록 할 수 있는가?" 기도하고 또 기도하라. 그러므로 하나님께 위대한 일을 구하고 하나님으로부터 위대한 일을 기대할 때마다 다음과 같이 고백하라.

"주님, 비록 제가 주님의 축복을 받기에는 무한정 거룩하지도 못하고 무가치하지만 주께서 얼마나 기꺼이 저에게 주시려고 하는지를 판단하는 것이 아니라, 그리고 저 자신의 무가치함을 기준으로 선택하는 것이 아니라 아버지의 사랑하는 독생자 예수 그리스도라는 선물 안에서 보여주신 이 세상에 대한 주의 놀라운 사랑으로 주님을 판단합니다. 그러므로 그것들을 허락하시는 것이 하나님 마음에 있기에 우리는 위대한 큰일을 구할 것입니다." 자, 이제 이것을 확신하고 하나님께 큰 것을 구하고 영광을 돌리라.

어떤 사람은 지나치게 요구하거나 부담을 지우는 하나님을 두려워하면서 마지못해 인색하게 구한다. 이것은 얼마나 쩨쩨하고 저급하고 치사하게 하나님을 바라보는 관점이란 말인가! 우리가 앞서 언급한 왕자가 자기 아버지의 계좌를 아주 인색하게 사용해왔다고 가정해보라. 한 번에 단 5달러나 10달러만 찾았다고 가정해보라. 그 왕자와 함께 어울리던 낯선 사람들도 그 광경을 목격하게 되었을 것이다. 그러면 그들은 이렇게 말할 것이다.

"이게 도대체 어떻게 된 일이야? 왜 왕자가 더 많은 돈을 찾지 않는 것인가? 도대체 어찌하여 그토록 궁색하단 말인가? 자기 아버지가 너무 인색하게 굴기라도 한단 말인가?"

이처럼 그 왕자는 풍부한 재산을 소유하고 있음에도 너무나 궁색하게 굴었기 때문에 오히려 자기 아버지와 나라에 불명예를 돌리게 될 것이다.

하나님은 그분의 자녀들을 이 땅에 보내면서 "너희는 세상의 소금과 빛이요 산 위에 우뚝 솟은 도성"이라고 말씀하셨다. 그러고서 "너희 빛을 비추어라"고 말씀하셨다. 이것은 우리가 하늘에 계신 하나님 아버지께 무한히 가치 있는 존재임을 보여주는 것이다. 그런데 확신이 부족하거나 어떤 다른 이유로 하나님의 자녀인 우리가 꽹장히 인색하게 군다고 가정해보라. 그러면 모든 사람이 아무리 하나님의 자녀라도 그분께 거의 기도 응답을 받지 못하는 우리 모습을 바라보게 될 것이다. 하나님의 자녀가 하늘에 계신 하나님 아버지께 받은 것이라고는 아주 보잘것없고 초라한 공급이 전부라면, 하나님의 자녀와 그 사람들이 살아가는 세상에서 단지 시시한 영적인 구분밖에 없다면 감히 누가 하나님이 무한한 은혜를 내려주신다고 말할 수 있겠는가!

이것이 하나님께 영예로운 모습인가? 스스로 하나님의 자녀라고 고백하면서도 자신의 고귀한 구별됨을 전혀 깨닫지 못하다니, 도대체 이것이 말이나 되는 소리인가! 반역하는 세상에서 살아가며 현재 누리는 것보다 절대 더 많은 은혜를 누리지 못하고 있기에 당신이 지금까지 하나님께 안긴 불명예가 얼마나 큰지 전혀 생각하지도 못할 것이다. 도대체 당신은 하나님 아버지를 어떻게 생각하는가? 하나님 아버지께서 당신에게 만족하신다고 생각하는가? 사람들은 당신을 바라보면서 아버지 없는 가여운 고아라고 생각할지도 모른다. 그러나 하나님은 오히려 이렇게 말씀하신다.

"나는 여호와 네 하나님이니 네 입을 크게 열라. 내가 채우리라. 너희에게 필요한 것을 나에게 구하라. 그런데 도대체 왜 너는 그토록 비참한 처지에서 살고 있느냐? 도대체 왜 항상 의심과 어둠과 고뇌 속에서 그렇게 죽지 못해 살아가느냐? 내가 네 하나님 여호와인 것을, 그리하여 네 입을 크게 열면 내가 채우리라는 것을 너는 알지 못하느냐?"

형제여, 이것이 사실이 아니란 말인가? 이것이 성경에서 도무지 가르치지 않는 어떤 최신 유행의 교리라도 된단 말인가? 아니면 그리스도인이라고 자처하는 우리가 이 문제를 무한정 오해하고 있거나 하나님이 우리에게 요구하시는 것을 제대로 이해하지 못하고 있단 말인가? 그렇다면 우리는 심각할 정도로 하나님께 불명예를 돌려드리는 것이다.

우리는 세상의 빛이다! 그런데 왜 등불이 꺼져가고 있단 말인가! 도대체 왜 당신의 등불은 꺼져가는가? 하나님 아버지께서 당신에게 송금하지 못한단 말인가? 여하튼 간에 그 등불은 꺼져가고 있으며, 당신은 흐릿한 어둠에 휩싸이게 되었다. 세속적인 생각이 당신을 엄습했다. 도대체 무엇이 문제인가? 지금까지 당신은 하나님에 대한 확신을 거의 모두 상실할 때까지 조금씩 그 방향으로 걸어왔다. 그리하여 이제는 기도 응답으로 하나님으로부터 어떤 것도 받을 수 있으리라고 거의 기대하지 못하게 되었다.

당신이 어떤 처지에 있는지 잘 알지 못하지만 자칭 그리스도인이라고 고백하는 엄청나게 많은 사람이 이처럼 비참할 정도로 저급한 상태에 놓여 있다. 그들은 자기 행위로 하나님께 불명예를 안겨드리고 있다는 사실을 잘 알지 못한다. 그뿐만 아니라 믿는 마음으로 찾기만 한다면 하나님이 풍성한 은혜를 기꺼이 베푸실 것이라는 사실도 제대로 알지 못하고 있다.

물론 하나님이 우리의 거대한 기도 제목으로 말미암아 스스로 영예로워지신다고 생각한다면 우리에게는 구한 것을 받으리라는 하나님에 대한 확신이 있어야 한다. 만약 말로는 위대한 일을 구하면서도 마음으로는 그렇게 믿지 못한다면, 또는 간청한 대로 응답받으리라고 기대하지 않는다면 우리는 하나님을 조롱하면서 그분께 불명예를 안겨드리는 것이다. 항상 이 점을 명심하고 기억하라. 정말로 하나님으로부터 위대한 일을 기대하면서 올바른 동기와 믿음으로 하나님께 구하는 사람은 위대한 일을 응답으로 받을 것이다. 하나님은 그분을 영화롭게 하는 사람을 영화롭게 하신다.

하나님은 시시한 기도 제목에는 불명예를 느끼신다.

어떤 사람이 우리 주 예수 그리스도의 이름으로 어둠 속에 있는 사람들에게 복음을 전하기 위하여 나아간다고 가정해보라. 예수님이 "볼지어다. 내가 세상 끝날까지 너희와 항상 함께 있으리라"고 말씀하신 내용을 확실히 믿으면서 말이다. 이 확신을 가지고 그 사람이 위대한 일을 시도하고, 모든 열방을 복음화시키는 것에 목표를 둔다면 하나님이 받으시는 영광은 훨씬 더 커질 것이다. 하나님은 자신의 이름과 능력으로 더 커다란 목표를 가질수록 더 큰 영광을 받으신다. 하나님은 그분의 자녀가 도달하는 높은 성취로 말미암아 영광을 받으시며, 그 자녀가 제대로 성취하지 못하는 것을 불명예로 여기신다.

고양된 신앙심은 하나님께 영광스러운 것이다. 커다란 은혜와 깊은 영성의 발현도 하나님을 영화롭게 한다. 하나님은 그분의 자녀가 맺는 의의 열매들로 말미암아 크게 영광을 받으신다. 이에 대해 예수님은 이렇게 말씀하셨다.

"너희가 열매를 많이 맺으면 내 아버지께서 영광을 받으실 것이요 너희는 내 제자가 되리라"(요 15:8).

성도는 많은 열매를 맺어야 한다. 자기 기질, 자기 삶, 자기 신앙의 능력과 사랑의 수고를 통하여 성령의 열매를 맺어야 한다. 하나님은 이러한 것에 커다란 관심을 두신다. 사실 당신이 그분께 영광을 돌리는 열매를 맺도록 인도하겠다는 하나님의 거대한 소망은 "나는 여호와 네 하나님이니 네 입을 크게 열라. 내가 채우리라"고 말씀하셨다는 사실에서 고스란히 드러난다.

그런데 이것은 또한 하나님이 정반대의 사실을 통해서는 엄청난 불명예를 당하신다는 의미가 내포되어 있다. 단지 조그만 믿음밖에 없다고 스스로 고백하는 그리스도인은 매우 시시한 노력밖에 기울이지 않으며, 자기 주변 세계와 아주 변변찮게 구분될 수밖에 없다. 스스로 하나님의 종이라고 고백하는 사람이 너무나 인색하게 구하여 인색하게 받을 수밖에 없을 만큼 그분을 변변찮게 확신하는 것보다 하나님을 더 기분 상하게 하는 일은 없다. 내가 생각하기에 전체 그리스도인의 의식 수준이 매우 낮아서 겨우 사소한 것만 기대한다는 사실을 인정할 수밖에 없을 것 같다.

그러나 앞서 말한 것처럼 이것은 하나님께 불명예스러운 일이며, 그분은 우리 믿음을 북돋우기 위하여 가능한 모든 수단을 동원하여 애쓰고 계신다. "너희 중에 아버지 된 자로서 누가 아들이 생선을 달라 하는데 생선 대신에 뱀을 주며 알을 달라 하는데 전갈을 주겠느냐"(눅 11:11-12)라는 예수님의 말씀처럼 하나님은 당신이 아들에게 주는 것보다 훨씬 더 좋은 것을 허락하실 것이다.

그것이 유익하다면 자식이 요구하는 것을 주는 것보다 부모에게 더 큰 행복은 없을 것이다. 어떤 부모라도 자신보다 아이들을 위하여 더 좋은 것을 살 것이다. 자신은 거의 맛조차 보지 못할 비싼 음식이라도 아이들은 충분히 그것을 먹을 수 있도록 애쓸 것이다. 하나님과 비교하여 무한정 악할 수밖에 없는 "너희가 악해도 너희 자녀에게 좋은 것을 줄 줄 알거든 하물며 하늘에 계신 너희 아버지께서 구하는 사람에게 좋은 것을 주지 아니하시겠느냐?" 오렌지, 초콜릿, 사탕이겠는가? 그것이 아니다. "하늘에 계신 너희 아버지께서 구하는 자에게 좋은 것으로 주시지 않겠느냐"(마 7:11). 그것은 바로 당신에게 필요한 엄청난 축복이다. 오, 우리가 성령을 더 많이 받을 수만 있다면!

그리스도인들은 마치 하나님이 성령을 조금밖에 허락하시지 않는 것처럼 살아간다. 그러나 이것이 성경에서 말씀하시는 내용인가? 전혀 그렇지 않다. 오히려 그와는 정반대이다. 스스로 그리스도인이라고 고백하는 사람 가운데 일부는 영적으로 앙상한 뼈만 남은 모습으로 살아가고 있다. 그래서 그런 모습을 지적하면 "아, 우린 성령님을 의지하고 있어요"라고 뻔뻔하게 대답한다. 정말인가? 그것이 당신이 그토록 세상을 사랑하는 이유인가? 왜 당신은 자녀를, 자신과 함께 일하는 동료와 주변에 있는 사람을 회심시켜 달라고 하나님을 설득하지 못하는가? 그처럼 구차한 변명으로 성령을 근심하게 하지 말라. 구하라. 그러면 찾을 것이다. 당신이 자녀들에게 좋은 선물을 주는 것보다 하나님은 훨씬 더 무한히 당신에게 성령을 주시려고 준비하고 계신다.

자기 백성에게 입을 크게 열라고 권고하시는 동시에 그러면 채우시겠다고 약속하실 때 하나님은 그 주변에 있는 사람들에게 그분의 축복을 나눠줄 수 있는 명백한 수단을 준비하고 계신다. 이것이 바로 하나님 나라의 경제법칙이다. 만약 부모인 당신에게 회심하지 않은 자녀가 있다면, 당신 주변에 회심하지 않은 사람이 있다면 하나님은 당신을 구원의 축복을 전할 수 있는 대리자로 삼으려고 애쓰실 것이다.

그러니까 하나님이 채워주시기 위하여 입을 크게 열라고 자기의 백성에게 촉구하실 때 우리는 하나님의 마음이 그 백성에게 베푸시고 싶어 하는 것들을 받도록 하는 일에 고정되어 있다는 사실을 깨달아야 한다. 하나님은 이러한 것들을 받도록 하는 데 가장 큰 관심을 두신다. 그분의 백성이 스스로 행하는 일보다 여기에 훨씬 더 커다란 관심을 두신다. 하나님은 자기의 선물을 전혀 아끼지 않으신다. 하나님의 사랑과 축복의 끝없는 샘물은 영원히 흘러넘치기 때문에 아무리 큰 빈 그릇이라도 얼마든지 채우실 수 있다. 모든 그릇이 채워졌을 때조차도 여전히 이 생명수는 영원토록 변함없이 흘러넘칠 것이다.

우리는 너무나 많은 것을 구하지 않을까 염려할 필요 없다. 우리가 유한한 존재로부터 은혜를 구할 때는 비상식적이라고 생각할 수 있을 정도로 너무나 많은 것을 구하고 있을지 모른다. 그러나 무한한 존재에게로 나아갈 때 너무 많이, 너무 크게 구하는 일이란 있을 수 없다. 형제여, 이것을 항상 기억하라!

우리는 자신에게
제한받는 존재이다

우리가 하나님의 거룩한 마음을 만족하게 해드릴 수 있는 존재임에도 그에 합당하게 행동하지 못한다 해도 하나님께는 아무런 변명이 필요하지 않다. 우리는 하나님께 제한받는 존재가 아니라 우리 자신에게 제한받는 존재이기 때문이다. 우리가 하나님께 변명할 필요는 없지만 자신에게 상당히 가혹하기는 하다. 자유로이 풍성하게 먹고 마실 수 있음에도 거의 배고파서 죽을 지경이라면 그 사람은 자신에게 얼마나 가혹하단 말인가!

어떤 그리스도인이 온갖 의심, 두려움, 어둠, 곤혹스러움 등을 겪을 때마다 도대체 무슨 변명을 늘어놓을 수 있단 말인가? 이 그리스도인이 그러한 온갖 불행에서 벗어날 수 있는 엄청난 섭리가 기다리고 있음에도 얼마나 자신에게 가혹해질 수 있단 말인가? 우리도 그런 환경 아래 살면서 불평을 일삼는 삶을 영위하고 있지 않은가? 실제로 그렇다!

그런데 하나님의 자녀가 거의 기아 상태로 살아가는 게 하나님의 집을 다스리는 무슨 법칙이라도 된단 말인가? 하나님의 자녀가 갖은 역경과 불신앙을 뛰어넘어 자신을 충분히 끌어올릴 만큼 풍성한 은혜를 누려서는 안 된다는 것이 하나님의 집을 지배하는 법칙이라도 된단 말인가? 하나님이 그분의 자녀를 굶겨 죽이기라도 한단 말인가?

사탄은 이렇게 말한다.

"하나님의 자녀가 아무리 노력해도 사탄의 자식과 아주 다른 모습으로 살아갈 만큼 충분한 은혜를 항상 받을 수는 없지 않겠어? 사실상 하나님의 자녀도 사탄의 자식과 너무나 흡사해서 잘 구분되지 않는단 말이야."

사랑하는 하나님의 자녀여, 이와 같은 사탄의 말은 실언이 아니다. 만약 하나님이 허락하시는 위대한 일을 우리가 제대로 누리지 못한다면 우리는 하나님께 씻을 수 없는 불명예를 안겨드리는 것이다.

그것은 또한 세상에 대한 가혹함이기도 하다. 예수님은 "그러므로 너희는 가서 모든 민족을 제자로 삼아 아버지와 아들과 성령의 이름으로 세례를 베풀고 내가 너희에게 분부한 모든 것을 가르쳐 지키게 하라"(마 28:19-20)고 말씀하셨다. 예수님이 이렇게 말씀하셨을 때 우리가 조금이라도 게으름을 피우거나 주저하고 있다면, 무엇이 문제란 말인가? 하늘에서 바람이 일어나면서 "이리 와서 우리를 도우라"고 손짓하고 있지 않은가!

"마게도냐로 건너와서 우리를 도우라"(행 16:9).

우리에게 선교사들을 보내달라, 우리에게 성경을 보내달라, 우리에게 소책자를 보내달라, 우리에게 복음을 보내달라고 손짓하고 있지 않은가? 그런데 과연 우리가, 과연 교회가 그렇게 할 수 없단 말인가? 도대체 무엇이 문제란 말인가? 나는 이렇게 묻고 싶다. 여기에 전적으로 잘못된 무엇인가가 있지 않은가? 하나님은 그분의 백성에게 지푸라기 없이 벽돌을 만들라고 말씀하고 계시는가? 교회에서 보내오는 구원의 복된 소식을 기대할 수 있는 권리를 세상이 누릴 수 없단 말인가? 형제여, 곰곰이 생각해보라!

그것이 우리 주변에 있는 사람들과 우리와 관계를 유지하는 사람들에게 얼마나 가혹한 일이란 말인가! 성경에는 분명히 그러한 약속이 있는데 아직도 우리 아이들이, 아직도 우리 이웃이 회심하지 않은 채로 남아 있다니 정말 이상하지 않은가! 한번 곰곰이 생각해보라!

만약 그리스도인들이 하나님이 허락하시는 모든 축복을 제대로 누리면서 성령으로 충만해진다면 어떤 결과가 일어날까? 이런 식으로 다시 질문을 던져보겠다.

"당신 주변 지역에 있는 모든 그리스도인이 이와 같은 호소에 진지하게 반응하여 성령으로 충만해진다면 그들에게 어떤 자연스러운 결과가 생겨나리라고 생각하는가? 모든 그리스도인이 자기 입을 크게 열고 성령을 받아들인다면, 일 년 내에 당신 주변 지역에서 당신도 알지 못하는 거대한 변화가 일어나리라는 사실을 믿지 못하겠는가?"

나는 지금까지 당신 주변에서 일어난 것보다 훨씬 더 좋은 일이 생길 것이라고 믿어 의심치 않는다. 만약 어느 한 교회가 철저히 깨어 있다면 연이어 다른 교회가 뒤따를 것이고, 그런 다음에는 온 도시가 일어날 것이며, 모든 교회가 구원받은 이후에 경건한 탐구자로 가득할 것이다. 이것이 바로 미국의 여러 도시에서 자주 일어났던 일이다. 만약 그리스도인들이 자기 의무와 책임을 철저히 다하고 있다면 어느 도시에서나 이와 같은 일이 일어날 것이다.

만약 당신 지역에 있는 모든 그리스도인이 하나님의 약속을 굳게 붙잡기로 작정한다면, 그리하여 하나님과 깊은 교제를 나눈다면 그 결과는 가히 놀라울 것이다. 그 도시를 밝히는 가로등처럼 그리스도인들도 온 도시로 흩어져 주변에 있는 많은 사람에게 빛을 밝힐 것이다. 그러나 환하게 불을 밝히지 않는다면 각 그리스도인이 의도하는 목적은 절대 이루어지지 않을 것이다. 당신 지역에 있는 모든 그리스도인이 성령으로 충만해질 수 있도록 하라. 그러면 당신이 사는 동네가 움직일 것이다. 당신이 사는 도시가 들썩일 것이다. 당신이 사는 나라가 웅성댈 것이다. 당신이 사는 대륙이 움직일 것이다. 온 세계가 들썩일 것이다.

형제여, 이것이 아주 터무니없는 소리처럼 들리는가? 만약 그렇다면 그것은 당신이 하나님의 약속에 내포된 권능을 제대로 헤아리지 못하고, 교회가 하나님의 이름으로 어떤 영향을 끼칠 수 있는지 충분히 확신하지 못하고 있기 때문이다. 우리의 연약함과 교회의 범죄는 모두 불신앙 탓이다. 지금은 이 불신앙이 너무나 크기 때문에 우리가, 교회가 많은 일을 할 수 있다고 기대하기 어렵다.

＊ ＊ ＊ ＊ ＊

많은 사람이 눈으로 보고 믿는 믿음을 너무나 혼동한 나머지 "만약 하나님이 하늘에 창문이라도 만드신다면 그런 일이 일어날 수 있을 거야"라고 쉽게 말한다. 많은 사람이 눈으로 보지 않고서는 믿지 않는다. 사람들에게 하나님의 약속을 그대로 제시하면 도무지 믿지 않을 것이다. 사람에게는 눈에 보이는 것이 있어야 한다. 오직 믿음으로 살아가는 사람은 거의 없다. 사람은 어떤 일이 이루어지는 모습을 보는 동안에는 자신에게 강한 믿음이 있다고 생각한다. 그러나 이와 같은 모양새가 시야에서 사라지면 다시금 믿음을 잃어버린다.

자, 이와 같은 현상에 대해 신실한 그리스도인이 취할 수 있는 조치는 바로 이것이다. 곧 하나님 말씀을 취하여 겉으로 드러나는 어떤 것을 보기까지 기다리지 말고 흔들림 없이 그 말씀을 단단히 붙잡는 것이다. 누구든지 하나님의 증언에 담긴 능력을 단순히 믿는 믿음으로 시작해야 한다. 하지만 거기에는 아무런 가시적인 증거가 없을지도 모른다.

하나님은 항상 진정한 믿음을 높이신다. 하나님은 진정한 믿음에 늘 관심을 두고 계신다. 하나님은 그분의 백성이 보여주는 믿음을 크게 존중하신다. 하나님은 자주 그분의 백성이 기대하는 것보다 더 많은 것을 허락하신다. 사람들은 한 개인을 위하여 기도하겠지만 하나님은 종종 그 개인을 회심시킬 뿐만 아니라 다른 사람들도 회심하게 만듦으로써 그 믿음을 영예롭게 하신다.

나는 회심한 병자 한 사람이 여러 이웃을 구원한 사건을 알고 있다. 회심한 병자에게는 상점을 운영하는 친한 이웃이 있었다. 그 상점 주인은 병상에 있는 회심한 병자를 위해 자주 먹거리를 보내주었다. 병자는 상점 주인의 위로에 큰 감동을 받았지만 자신은 아무것도 할 수 없다는 사실에 마음이 아팠다. 하지만 그에게는 하나님이 계셨다. 어느 날, 병자는 스스로 다짐했다. "챈들러 씨가 보여준 친절에 어찌 다 보답해야 할지 모르겠어. 그분을 위하여 기도하는 일에 나 자신을 내드리는 것이 내가 할 수 있는 최선일 거야."

모든 이웃이 놀랍게도 챈들러 씨는 결국 회심하게 되었다. 챈들러 씨는 이와 같은 사실을 온 회중 앞에서 간증하였으며, 그것이 커다란 영향을 미쳐서 거대한 부흥으로 이어졌고, 그래서 수많은 영혼이 하나님께로 돌아오게 되었다. 이 가엾은 병자가 한 개인을 위하여 기도하는 데 자신을 내드렸고, 그로 말미암아 하나님은 수많은 사람을 회심하게 하셨다. 그렇게 함으로써 하나님은 그 병자의 믿음을 영화롭게 하셨다. 우리 주 하나님은 "우리 가운데서 역사하시는 능력대로 우리가 구하거나 생각하는 모든 것에 더 넘치도록"(엡 3:20) 주실 것이다.

하나님은 마지못해 인색하게 베푸시지 않고 항상 풍성하게 넘치도록 베풀어주신다. 하나님은 항상 스스로 가치 있게 행동하신다. 그런즉 믿음으로 하나님의 축복을 간구하라. 그러면 하나님은 "자족하는 자세로 나아오라. 그러면 네 잔이 차고 넘치도록 더욱 많이 가득 채우리라"고 말씀하실 것이다. 그런데 실제로 조금만 시도하고, 조금만 기대하는 곳에서는 아주 조금밖에 받을 수 없을 것이다. 그러나 정말로 조금만 받는 곳이라 하더라도 그 잘못은 하나님께 있는 것이 아니라 전적으로 자신에게 있다는 사실을 명심해야 한다.

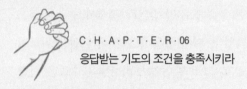

·
·
●

구하라. 그리하면 너희에게 주실 것이요 찾으라. 그리하면 찾아낼 것이요 문을 두드리라. 그리하면 너희에게 열릴 것이니 구하는 이마다 받을 것이요 찾는 이는 찾아낼 것이요 두드리는 이에게는 열릴 것이니라. 마태복음 7:7-8.

사도 마태는 하나님이 모든 기도를 듣고 응답하신다고 단언한다. "구하는 이마다 받을 것이요 찾는 이는 찾아낼 것이요 두드리는 이에게는 열릴 것이니라." 그러나 야고보는 어떤 사람은 구하여도 받지 못한다고 말하면서 그 이유를 이렇게 제시한다. "잘못 구하기 때문이라"(약 4:3). 그렇다. 이 두 성경 구절은 어떤 경우에도 서로 상충하지 않는다. "구하는 이마다 받을 것이요"라고 말할 때 물론 우리는 올바른 간구와 그릇된 간구가 있다는 사실을 잘 알고 있다. 그러나 야고보가 말하는 것은 우리를 이와 같은 결론으로 이끌어간다. "구하여도 받지 못함은 정욕으로 쓰려고 잘못 구하기 때문이라." 이 말씀은 우리에게 올바른 간구에는 특정한 조건이 있으며, 잘못 구하는 것에도 그럴 만한 이유가 있다는 사실을 알려준다.

어쨌든 이 단락으로 당혹해하지 않을 사람은 거의 없을 것이다. 하나님의 응답하심에 관해서는 성경에서 너무나 많이 이야기하고 있지만, 너무나 많은 기도가 응답되지 않고 있어서 많은 사람에게 쓰라린 시험거리가 되고 있다. 한동안 마태가 이야기한 것과 같은 그러한 단언이 응답받지 못하는 수많은 기도와 어쩌면 그렇게 일치하는지 도무지 이해할 수 없을 정도였다.

응답받지 못하는
기도에 대한 오해

내가 저지른 실수는 이중적이었다. 첫째, 나는 모든 기도가 문자 그대로 응답될 것이라고 기대했다. 하나님이 정확히 문자적인 기도 응답하시지 않을 때는 종종 근본적인 동기에 따라서 내용적인 기도 응답하신다는 사실을 간과했다.

사도 바울이 육체의 가시에서 벗어나게 해달라고 기도했을 때가 이에 관한 구체적인 예이다. 이것은 "여러 계시를 받은 것이 지극히 크므로 너무 자만하지 않게 하시려고 내 육체에 가시 곧 사탄의 사자를 주셨으니 이는 나를 쳐서 너무 자만하지 않게 하려 하심이라"(고후 12:7). 그것이 무엇이었든지 간에 하나님이 바울에게 육체의 가시를 주신 것에는 특별한 목적이 있었다. 바울에게는 이 가시가 굉장히 괴로웠던 것처럼 보이며, 그래서 하나님께 육체의 가시를 제거해달라고 간청했다.

바울의 목적은 이기적인 것이 아니었다. 바울이 생각하기에 육체의 가시는 자신의 유용성을 방해하고 있었다. 하나님은 이 간구를 문자 그대로 들어주시지는 않았지만 근본적인 동기에 대해서는 들어주셨다. 하나님은 "내 은혜가 네게 족하도다. 이는 내 능력이 약한 데서 온전하여짐이라"고 말씀하시면서 바울에게 선한 목적으로 이런 육체의 가시를 허락하셨다는 사실을 알려주셨다. 그러니까 이 육체의 가시는 어떤 상처로 가지고 있거나 바울의 영향력을 방해하는 게 아니라 하나님의 은혜가 바울에게 '충분하도록' 하기 위한 것이었다.

결국 바울은 육체의 가시를 제거해 달라고 끈질기게 요구하는 대신, 오히려 이 가시로 말미암아 그리스도의 권능이 자신에게 임할 수 있다는 사실을 영광스럽게 생각했다. 그리고 자신이 두려워하는 결과가 자신에게 임하지 않을 것이라고 확신했다. 이것이 바로 바울이 원하는 전부였다. 만약 그것이 자신의 유용성에 아무런 영향을 미치지 않는다면 굳이 육체의 가시가 제거되지 않아도 좋다고 생각했다. 이것이 바로 내가 의미하는 바를 잘 설명해주고 있다.

우리가 문자적인 기도 응답이 아니라 근본적인 동기에 따라 내용적인 기도 응답이 이루어진다는 사실을 제대로 이해하지 못했기 때문에 나뿐만 아니라 많은 사람이 자주 걸려 넘어진다. 그러나 비록 우리가 기대했던 방식대로는 아닐지라도 알맹이와 본질은 그대로 허락된다.

내가 빠졌던 두 번째 실수이자 내가 생각하기에 지적인 사람이 흔히 하는 실수는 기도가 응답될 수 있는 특정한 조건에 관하여 성경에서 표현하고 있다는 사실, 그리고 흔히 우리가 기도라고 생각하는 것과 하나님이 기도라고 말씀하시는 것 사이에는 엄연한 차이가 있다는 사실을 간과했다는 점이다.

내 관심이 그런 의문으로 향하자마자 나는 이런 어려움이 성경에서 그렇지는 않다고 지적한다는 데 만족하게 되었다. 그 어려움은 단지 하나님이 기도를 들어주시지 않는 분이라는 데 있는 것이 아니라, 오히려 하나님이 친히 기도에 응답하시는 여러 가지 조건을 몇몇 경우에만 굉장히 명확하게 말씀하셨다는 사실이다. 그것은 하나님이 거의 항상 암시적으로 지적하고 계셨다는 것이며, 우리가 그러한 조건들에 근거하지 않고서는 아무런 응답도 기대할 수 없다는 것이다.

틀림없이 하나님은 종종 간구하는 사람의 성품과 상관없이, 그러니까 그 사람이 어떤 성품을 지니고 있든지 상관없이 괴로움을 호소하는 울부짖음에 먼저 귀를 기울이셨다. 다시 말해 하나님은 종종 괴로움에 신음하는 동물의 소리를 듣고 찾아오셔서 도움의 손길을 베푸셨다. 하나님은 어린 까마귀가 울 때도 귀를 기울이셨다. 그렇다면 당연히 사람에게는 더욱 귀를 쫑긋 세우시지 않겠는가!

하나님이 온 우주와 관계를 맺고서 너무나 일관성 있게 그렇게 하신다면 당연히 인간에게도 그렇게 하실 것이다. 하나님은 당연히 그렇게 하실 마음과 생각을 품고 계신다. 그러나 이런 것들은 진정한 의미에서 기도가 아니다. 단순히 고통스러운 울부짖음에 지나지 않는다. 하나님은 거기에 적절히 대처하실 필요가 있을 때마다 그런 구원의 손길을 펼치기 위하여 찾아오신다.

나는 마음속에 이런 생각을 품은 사람이 걸려 넘어지게 하는 돌을 던져놓으려는 게 아니다. 분명히 고통으로 울부짖는 소리도 있기는 하지만 하나님이 귀를 기울여 듣고 응답하시는 기도와는 다르다. 하나님이 간구하는 자의 성품, 동기나 계획과는 상관없이 고통스러운 울부짖음에 귀를 기울이신다는 것은 그냥 그분의 선하심을 따라 베푸시는 자비에 지나지 않는다. 그러므로 우리는 응답받지 못하는 기도에 대해 오해하지 말아야 한다.

하나님이 응답하시는 기도의
몇 가지 조건

하나님이 응답하겠다고 보장하신 그런 종류의 기도가

있다. 특히 여기에서는 하나님이 성경을 통하여 말씀하신 응답받는 기도의 몇 가지 조건에 관하여 깊이 생각해보고자 한다.

먼저, 깨끗한 양심을 지켜야 한다.

내 말이 의미하는 바를 구체적으로 설명하기 위하여 성경 말씀을 인용해보자.

"사랑하는 자들아 만일 우리 마음이 우리를 책망할 것이 없으면 하나님 앞에서 담대함을 얻고 무엇이든지 구하는 바를 그에게서 받나니 이는 우리가 그의 계명을 지키고 그 앞에서 기뻐하시는 것을 행함이라"(요일 3:21-22).

여기서 '마음' 이라는 용어가 사용된 것은 '양심' 을 뜻하는 것으로 이해할 수 있다. 왜냐하면 우리를 책망하거나 인정하는 것은 바로 우리 양심이기 때문이다.

만약 우리 양심이 우리를 책망할 것이 없다면 우리는 기도에 대해 응답을 기대할 수 있다. 만약 우리가 태만죄(해야 할 일을 하지 않아서 생기는 죄, 곧 하나님이 하라고 하신 많은 계명을 행하지 않은 죄-역주)와 범법(기회가 있음에도 선을 행하지 않는 죄, 하지 말아야 할 일을 해서 생기는 죄, 하나님이 하지 말라고 하신 것을 행하는 죄-역주)으로 우리 양심을 범했다면 하나님은 우리와 더불어 기뻐하실 수 없다. 그러므로 우리의 탄원에 대한 응답을 기대할 수 없다. 이것은 요한일서 3장 21~22절 말씀에 명확히 내포되어 있다.

"만약 우리 마음이 우리를 책망한다면 하나님은 훨씬 더 많이 우리를 책망하실 것이다." 만약 우리 마음이 우리를 책망할 것이 없으면 기도 응답을 기대할 수 있다. 그러나 우리 마음이 우리를 책망할 것이 있다면 우리는 자신의 간구에 대한 응답을 기대할 수도 없고, 기대해서도 안 된다.

분명히 깨끗한 양심, 곧 아무 거리낌도 없는 양심은 하나님을 설복하는 기도에 대해 계시된 조건이다. 사람이 자기 양심에 내키지 않는 어떤 일을 하도록 가만히 내버려 두는 곳, 또는 자기 양심이 자신을 책망할뿐더러 하나님은 훨씬 더 많이 책망하는 마음 상태에서 태만죄나 범법 가운데 살아가는 곳에서 도대체 어떻게 하나님을 설복할 수 있다고 기대하겠는가? 이들은 단지 자신의 양심이 하나님께 헌신되어 있지 못하다고 단언하면서 살아갈 뿐이다!

시편 기자는 말한다.

"내가 나의 마음에 죄악을 품었더라면 주께서 듣지 아니하시리라"(시 66:18).

여기에는 다음과 같은 사실이 명확하게 진술되어 있다. 곧 겉으로 드러나는 삶에서 죄를 거부할 뿐만 아니라 마음속에서도 죄를 거부하는 것이 하나님을 설복하는 기도의 필수불가결한 조건이라고. 내가 인용한 첫 번째 성경 구절에서 비록 우리가 아무런 거리낌 없이 양심을 지킨다고 할지라도 생활 속에서 죄를 단호히 거부하지 않는다면 하나님은 우리 기도에 귀를 기울이시지 않을 것이다. 두 번째 성경 말씀에서는 분명히 이렇게 단언하고 있다. "만약 우리가 마음속으로 죄를 짓는다면 주님은 우리의 기도에 귀를 기울이시지 않을 것이다." 하나님은 여러 경우를 통하여 이럴 때 우리의 기도를 듣지 않으신다고 분명히 말씀하신다. 많은 사람이 하나님을 설복하지 못한 채 단지 스스로 '기도'라고 부르는 행위를 하고 있을 뿐이다.

순종적이 되어야 한다.

그러니까 다시 말하지만 보편적인 순종의 영은 하나님을 설복하는 기도의 또 다른 조건이다. 이에 대해 잠언 기자는 "사람이 귀를 돌려 율법을 듣지 아니하면 그의 기도도 가증하니라"(잠 28:9)고 말하고 있다. 여기서 사용된 '율법'이라는 용어는 하나님이 그분의 뜻이라고 계시하신 모든 것을 포함한다. 또한 여기서 '귀를 돌린다'는 뜻은 기꺼이 순종하지 않는 마음, 불순종의 영을 함축하는 말이다. 그러므로 우리는 잠언 말씀을 통해 하나님께 기꺼이 순종하지 않는 그런 마음 상태에 있는 사람이라면 그가 누구든지 간에 하나님은 그의 기도마저 역겨워하신다는 사실을 알 수 있다.

덧붙여서 여기에 사용된 '귀를 돌린다'는 말의 뜻을 여러 경우를 통해서 알아보는 것도 중요하다. 하나님이 말씀하신 바에 제대로 주의를 기울이지 않는 모든 행위는 귀를 돌리는 것이다. 하나님이 요구하시는 바에 순종하기를 거절하거나 게을리하는 모든 행위도 귀를 돌리는 것이다. 사람이 어떤 것에서는 하나님께 순종하는 척하지만 다른 것에서는 불순종한다면 이것 역시 귀를 돌리는 행위이다. 그러므로 하나님 말씀이라면 무엇이든지 행하고 싶어 하는 마음 상태, 즉 이런 보편적인 순종이야말로 하나님을 설복하는 기도의 필수 조건이다.

그리스도 안에 머물러 있어야 한다.

그리스도 안에 머물러 있는 것은 설복하는 기도의 또 다른 조건이다.

"너희가 내 안에 거하고 내 말이 너희 안에 거하면 무엇이든지 원하는 대로 구하라. 그리하면 이루리라"(요 15:7).

또한 "사람이 내 안에 거하지 아니하면 가지처럼 밖에 버려져 마르나니 사람들이 그것을 모아다가 불에 던져 사르느니라"(요 15:6)고 말씀하신다. 그러니까 그리스도 안에 거하지 않으면 그렇게 된다는 뜻이다. 분명히 그리스도 안에 머물러 있지 않은 사람은 하나님을 설복할 만한 그런 기도를 드릴 수 없다. 그리스도 안에 머물러 있지 않다면 그의 기도는 하나님 마음을 움직일 수 없다.

그런데 그리스도 안에 머물러 있다는 것이 도대체 무슨 말인가? 그것은 성령 안에서 살아가며 동행한다는 뜻이다. 그리스도께서 우리 안에 내주하시도록 한다는 의미이다. 그러니까 우리도 그리스도 안에 거하여 그분의 성령이 우리에게 영향을 미치도록 한다는 뜻이다. 다시 말해 그것은 확신 가운데 그리스도께 자신을 완전히 순복시키는 일이고, 믿음 가운데 기꺼이 그리스도를 받아들이는 것이며, 그리스도의 영향력 아래 자신을 내드리는 헌신을 뜻한다.

그러나 만약 이처럼 믿음으로 그리스도와 연합되어 있지 않다면, 그리하여 하나님이 우리를 그리스도 안에 있는 것으로 여기시지 않는다면, 모든 것을 그리스도를 위하여, 그리스도를 통하여 받아들이지 않는다고 생각하신다면 우리는 하나님을 설복할 수 없다. 이것은 분명히 성경에서 가르치는 말씀이다.

우리는 믿음으로 그리스도와 아주 친밀하게 연합하여 실제로 그리스도의 성령 안에서 동행해야 한다. 그리스도께서 말씀하시기를 만약 이와 같은 상태에 있다면 우리가 구하는 것은 무엇이든지 허락해주신다고 하셨다. 그렇다면 어떻게 이것이 가능할까? 우리가 그분 안에 있고 그분 말씀이 우리 안에 거하고 있을 때 무엇이든지 구하는 대로 얻게 되리라는 사실은 상당 부분 그분 안에 머물러 있음으로써 가능하다는 의미여야 한다. 이것은 분명히 매우 광범위한 약속이기 때문이다.

"너희가 내 안에 거하고 내 말이 너희 안에 거하면 무엇이든지 원하는 대로 구하라. 그리하면 이루리라."

자, 다시 한번 "무엇이든지 원하는 대로 구하라"는 말씀에 내포된 의미를 생각해보자. 먼저 이 말씀 안에는 그리스도 안에 있는 사람은 그리스도께서 들어주시기에 적절하지 않은 것을 절대 구하지 않는 영적 상태에 있다는 의미를 내포한다. 그리고 그리스도 안에 머물러 있는 사람은 하나님이 응답하시지 않는 간구를 절대 하지 않을 것이라는 주님의 확신이 숨겨져 있다. 우리 주님은 그런 확신이 없었다면 이런 약속을 그렇게 쉽게 하시지 않았을 것이다. 그러므로 우리가 이 말씀 안에 숨겨진 의미를 제대로 이해하는 것은 굉장히 중요하다. 그리스도 안에 머물러 있는 사람은 하나님의 계시된 뜻과 상반되는 것을 구하려는 뜻을 품지 않는다. 그리고 하나님의 성령으로 말미암아 일반적으로 사람이 생각하는 것보다 훨씬 더 고차원적인 의미에서 기도하는 법을 배우게 된다.

또한 로마서 8장 26~27절의 "이와 같이 성령도 우리의 연약함을 도우시나니 우리는 마땅히 기도할 바를 알지 못하나 오직 성령이 말할 수 없는 탄식으로 우리를 위하여 친히 간구하시느니라. 마음을 살피시는 이가 성령의 생각을 아시나니 이는 성령이 하나님의 뜻대로 성도를 위하여 간구하심이니라"는 말씀처럼 그리스도 안에 머물러 있는 사람은 성령과 동행하면서 기도하도록 인도함을 받는다. 그래서 무엇이 하나님의 뜻에 합당한 기도인지 알게 된다. 다시 말해 그리스도 안에 머물러 있는 사람은 하나님이 들어주시는 것을 위하여 기도하도록 인도함을 받는다는 뜻이다.

만약 우리가 정말로 그리스도 안에 머물러 있고, 그리스도의 말씀이 그분께서 말씀하신 의미대로 우리 안에 머물러 있다면 우리가 기도하는 근본적인 동기는 항상 하나님의 뜻에 맞게 될 것이다. 그러므로 그리스도께서는 그런 사람이 구하는 모든 것을 들어주시겠다고 확실하게 약속하실 수 있는 것이다.

열렬한 소망을 품어야 한다.

열렬한 소망은 하나님을 설복하는 기도의 조건이다. 그냥 말로 기도를 표현하는 것과 강력한 소망을 표출하는 것은 전혀 별개의 문제이다. 설복하는 능력이 있을 때 기도는 어떤 특정한 축복을 받겠다는 강력한 소망을 갖는다. 하나님께 어떤 일을 허락해 달라고 탄원한 사람이 곧바로 자신이 구했던 것을 까맣게 잊어버린다면 하나님은 과연 그 사람을 어떻게 생각하실까? 그런데 이것은 기도하는 많은 사람이 저지르는 실수이다. 참된 기도의 영 안에서 기도하는 사람은 강력한 소망을 품고 끈질기게 기도해야 한다. 그럴 때 성령도 말할 수 없는 탄식으로 그를 위해서 친히 중보하신다.

우리의 기도가 응답받아야 한다는 절실한 마음은 설복하는 기도에 없어서는 안 될 조건이다. 사람들은 자기 기도가 응답받는 것을 그다지 달가워하지 않을 때조차도 종종 기도한다. 사람은 단지 자기가 만든 조건에 합당한 것만을 하나님께 구한다. 자기 방식대로 응답받기를 원하면서 하나님이 그분 방식대로 응답하시기를 달가워하지 않는다. 그렇다면 당연히 이들의 기도는 하나님을 설복하지 못할 것이다.

만약 우리가 하나님의 일을 먼저 구한다면 하나님이 응답하시는 방식에 무조건 순복해야 한다. 만약 우리가 더 많은 믿음을 달라고 간구하거나 사랑 안에서 온전해지도록 간구한다면 당연히 하나님이 그분의 방법대로 일하시도록, 그것을 방해하는 것이라면 무엇이든지 하나님이 제거하시도록, 우리에게 있는 어떤 우상이든지 없애주시도록, 하나님이 우리의 기도 제목에 응답하기 위하여 반드시 해야 하는 것을 하실 수 있도록 기꺼이 우리를 내드려야 한다.

사람은 때때로 기도할 때 자기 마음속에 온갖 조건을 끼워 넣는다. 만약 하나님이 망신을 주지 않고서도 그렇게 하실 수 있다면, 자기 재산을 가져가지 않고서도 그렇게 하실 수 있다면 사람들은 하나님이 자신을 겸허하게 만들어도 좋다고 생각한다. 자신의 방종을 깨뜨리지 않고서도 그런 일이 이루어질 수 있다면 하나님이 자신을 성화시켜도 좋다고 생각한다. 그러나 각종 장애물을 제거하지 않고서는 그런 일들이 허락될 수 없다. 만약 이런 일들이 하나님께서 우리의 기도를 들어주시는 것을 방해한다면 우리는 기꺼이 오른손을 잘라내거나 왼쪽 눈을 빼버려야 한다.

어떤 사람이 거룩하게 해달라고 기도한다고 하자. 그렇다면 그는 기꺼이 거룩해지고 싶어 해야 한다. 그런데 만약 그 와중에 어떤 걸림돌, 어떤 상습적인 죄, 어떤 억제되지 못한 욕망, 어떤 열정, 어떤 성적 충동 등이 있다면 기꺼이 그것을 포기해야 한다. 만약 그렇게 하기를 달가워하지 않으면서 그런 축복이 자기 방식대로 허락되어야 한다고 주장한다면 그는 받으실 만한 기도를 한다고 할 수 없다. 다시 말해 스스로 거룩해지도록 하나님께 기도하면서도 어떤 형태의 죄를 계속 저지르는 것은 하나님을 시험하는 것이다. 먼저 세상을 십자가에 못 박기 위하여 자기 우상을 기꺼이 포기해야 한다.

이기적이 되어서는 안 된다.

다시 말하지만 이해관계가 없는 공평한 마음은 설복하는 기도의 조건이다. 사도 야고보는 "너희가 얻지 못함은 구하지 아니하기 때문이요 구하여도 받지 못함은 정욕으로 쓰려고 잘못 구하기 때문이라"고 말했다. 나는 이해관계를 뛰어넘는 공평한 마음이 '무관심'이나 '관심 부족'이라는 뜻으로 말하는 게 아니다. 그냥 아무것도 추구하지 말라는 뜻이 아니다. 그와는 정반대이다. 우리는 마땅히 무엇이든 바랄 수 있지만 거기에는 정당한 이유가 있어야 한다.

어떤 사람이 자신의 성화를 위하여 기도한다고 가정해보라. 왜 그가 성화를 원하는가? 성화된다는 것이 단지 자신의 쾌락을 위해서인가, 아니면 성화되는 것을 통해 얻는 영예 때문인가? 왜 그는 성화되기를 원하는가? 죄를 제거하기 위한 것인가? 영원한 햇빛, 행복, 그리고 하나님의 평안으로 말미암은 기쁨으로 들어갈 수 있기 위한 것인가? 이것이 그 이유라면 분명히 응답받을 것이다. 하지만 어떤 이기적인 다른 이유로 그것을 추구한다면 그는 응답받지 못할 것이다. 자기 유익을 위해 이기적으로 구하고 있기 때문이다.

당신이 죄악 가운데 살아가는 사람들 때문에 마음에 상처받았다고 가정해보자. 만약 당신의 목적이 하나님을 영화롭게 하는 것이라면 당신의 눈은 오직 여기에 고정되어 있을 것이다. 만약 당신이 사람들에게 복음의 진정한 빛이 무엇인지 이해하고 영혼이 밝아져서 구원받을 수 있게 해달라고 복음을 꽉 붙잡고 있다면 당신은 하나님과 공감하고 있다. 하나님이 당신에게 복을 베푸시는 것과 같은 이유로 그 복을 구하는 것이다.

각종 간구는 이기심에서 완전히 벗어나야 한다. 우리는 단순히 이기적인 생각을 떨쳐버리고 하나님이 기도에 응답하시는 위대한 이유를 주목해야 한다. 만약 우리가 자신의 거룩함과 성화를 위하여 기도한다면 그것은 죄에 대한 하나님의 관점에 동의하는 것이어야 한다. 우리는 거룩함에 도달하고 이를 유지하기 위하여 어떤 불같은 시험을 통과하든지 간에 기꺼이 거룩해지려고 애써야 한다. 우리는 흔히 성화에는 아무런 시험도 없다고 오해한다. 하지만 하나님은 우리를 위해, 우리에게 행하신 모든 일을 우리가 올바로 볼 수 있게 하시려고 우리에게 시험과 시련을 허락하신다.

하나님은 커다란 축복을 주실 때 이런 축복을 등경 아래 감추시지 않는다. 하나님이 우리에게 커다란 은혜를 허락하실 때 그분은 항상 우리를 시험하는 자리로 내모신다. 만약 시험을 제대로 통과하지 못한다면 우리는 하나님이 우리에게 커다란 은혜를 주셨다는 사실을 알 수 없을 것이다. 자, 이제 어떤 대가를 치르든지 간에 당신은 기꺼이 성화되고 싶은가? 어떤 결과가 나오든지 간에 하나님께 영광을 돌릴 수 있도록 모든 형태의 부정행위를 기꺼이 포기하겠는가?

신앙의 부흥이 열렬히 일어난 곳에서 목회하는 친구 목사가 하루는 몇몇 구도자를 심방하기 위하여 이른 아침부터 집을 나섰다. 길을 가던 중 같이 사역하는 핵심 리더 가운데 한 사람이 이렇게 물었다.

"목사님은 성령님께 날마다 기도하면서도 기도 응답받지 못하는 사람에 대해서 어떻게 생각하십니까?"

친구 목사가 대답했다.

"글쎄요, 그 사람이 그릇된 동기로 기도하지는 않았는지 걱정이 되는군요."

"그 사람이 어떤 동기를 가져야 하는데요?"

"당신은 어떤 동기로 기도하시나요? 혹시 더 많은 돈을 벌어서 더 행복해지기를 바라나요? 그렇다면 사탄도 이와 같은 이유로 기도할 수 있다는 사실을 아셔야 합니다."

그런 다음에 친구 목사는 시편의 말씀을 인용했다.

"주의 구원의 즐거움을 내게 회복시켜 주시고 자원하는 심령을 주사 나를 붙드소서. 그리하면 내가 범죄자에게 주의 도를 가르치리니 죄인들이 주께 돌아오리이다"(시 51:12-13).

이 말씀을 들은 리더는 그 즉시 친구 목사를 떠나버렸다. 나중에 그는 자기 마음속에 떠오른 첫 번째 생각이 이제 다시는 친구 목사를 보지 않겠다는 다짐이었다고 한다. 그는 너무나 화가 났다. 그러나 동시에 자기 기도가 항상 이기적이었다는 사실도 깨달았다. 그는 이런 깨달음에 커다란 충격을 받았다.

그러나 이 리더는 자존심이 너무나 강했던 나머지 자신이 언제나 이기적이었다는 사실을 발견했을 때, 자기 마음속에서 한 번도 신앙이나 기도에 대해 진실한 개념을 가져본 적이 없다는 사실을 발견했을 때 괴로웠다. 그리고 자신은 완벽히 이기적이었으며, 그동안 드린 기도가 모두 텅 빈 마음의 이기적인 기도에 지나지 않는다는 사실을 발견했을 때 하나님께 자신의 목숨을 가져가 달라고까지 기도했다.

그 리더는 교회에서 지금과 같은 위치를 차지한 이후에 계속해서 속여왔거나 속았다는 사실을 교인들이 아는 것보다 오히려 죽거나, 심지어 지옥으로 떨어지는 편이 훨씬 더 낫다고 생각했다. 그로부터 머지않아 이 사람은 진심으로 회심하였으며, 그 이후로 원래 자신이 처해 있는 자리를 분명히 바라보게 되었다.

우리가 구하여도 받지 못하는 것은 정욕에 쓰려고 이기적인 마음으로 잘못 구하기 때문이다. 이것은 많은 사람이 구하는 것을 허락해주시지 않는다고 하나님을 비난하는 대신에 스스로 곰곰이 생각해봐야 할 커다란 진리이다.

그리스도의 이름으로 나아가야 한다.

우리는 반드시 그리스도의 이름으로 기도해야 한다. 이것은 너무나 자주 성경에 함축되어 있어서 어떤 말씀을 굳이 따로 인용할 필요조차 없다. 그러나 이처럼 그리스도의 이름으로 기도한다는 말이 무슨 의미인지 다시 한번 되새겨보자. 도대체 어떻게 그리스도의 이름을 사용해야 한단 말인가?

죄인은 자기 이름으로는 절대 하나님 앞으로 나아오지 못한다. 그러나 죄인이 그리스도와 아주 강하게 연합한다면, 그리스도를 자신의 구원자로 영접한다면 사실상 그리스도는 죄인을 위한 간구자가 된다. 이것을 통치적 관점에서 볼 때 하나님께로 가까이 나아오는 것은 죄인이 아니라 바로 그리스도이시기 때문이다. 만약 당신이 그리스도를 통하여 하나님께로 나아오지 않는다면, 사실상 그리스도로서 성령 안에서 하나님께로 나아오지 않는다면 하나님은 당신이 자신의 임재 안으로 가까이 다가오도록 내버려 두시지 않을 것이다.

그렇기에 하나님께로 나아오는 죄인은 반드시 이런 식으로 하나님께 나아와야 한다. 그는 그리스도로 옷 입어야 한다. 그리스도께서 이루신 모든 것, 죄인이 하나님께 나아올 수 있도록 십자가의 죽음으로 다리를 놓으신 것을 자신이 전유해야 한다. 그리고 그리스도의 성령과 더불어 그리스도의 인격과 이름 안으로 들어와야 한다. 그런 다음에라야 죄인은 하나님 앞으로 나아올 수 있으며, 그가 간구하는 기도도 그리스도의 성령을 통해 하나님의 보좌 앞으로 올라가게 될 것이다.

이 세상에서 흉악한 죄인뿐만 아니라 아무리 사소한 죄인이라도 이런 식으로 하나님 앞으로 나아올 수 있다. 그러면 죄인들 역시 그리스도께서 받아들여진 것만큼 실제로 받아들여지게 될 것이다. 만약 그 죄인이 회개하여 믿고 그리스도로 옷 입는다면 그리스도 자신만큼이나 실제로 충분히 받아들여지게 될 것이다. 그리하여 지금 당장 그리스도의 이름으로 하나님께 나아오게 되는 것이다. 이제 그 죄인은 그리스도께 붙어 있는 지체로, 하나님의 천국 백성으로 인정받게 되는 것이다.

이런 상태에서만 우리는 가장 깊숙한 내면으로부터 하나님의 진리를 받아들일 수 있게 된다. 이런 상태에 이르러서야 비로소 우리는 자신의 의를 포기하고, 자신의 이름으로 하나님을 설복할 수 있다는 모든 기대를 완전히 내려놓을 수 있기 때문이다. 그리고 그때야 비로소 오직 그리스도의 이름만이 하나님을 설복할 수 있다는 진리를 확신할 것이기 때문이다.

끈질기게 구해야 한다.

끈기는 하나님을 설복하는 기도의 또 다른 조건이다. 하나님을 설복하는 기도의 영을 간직하기 위해서는 끈기를 가져야 한다. 성경에는 이에 관한 사례가 수없이 많지만 여기에서는 야곱과 모세의 경우만을 다루기로 하겠다.

먼저 야곱의 경우를 한번 생각해보자. 하나님을 설복한 것으로 드러났던 여러 환경이 얼마나 감동적이었던가! 야곱은 하나님과 밤새도록 씨름했다. 하나님이 야곱에게 응답하지 않기로 작정하셨던 것처럼 보였음이 틀림없다. 오히려 야곱에게 맞서고 계시는 것처럼 보였을 것이다. 여러 가지 주변 환경은 이런 식으로 펼쳐지고 있었다.

야곱은 형 에서에 대한 자신의 행위 때문에 고향에서 멀리 도망하여 오랫동안 자리를 비우고 있었다. 하나님이 야곱과 함께 있을 것이며 야곱에게 축복하실 것이라고 약속하실 때까지 거기에서 돌아오지 못했다. 드디어 고향으로 돌아오는 길에 야곱은 형 에서가 큰 무리와 함께 오고 있다는 소식을 들었다. 이것은 야곱이 과거에 저지른 잘못에 대하여 형 에서가 원수를 갚으려 한다고 믿을 만한 충분한 이유가 되었다. 물론 이로 인해 야곱은 크게 근심하였다.

그래서 가능한 한 에서의 노여움을 달래기 위해 할 수 있는 모든 조치를 취했다. 자기보다 앞서 사람들을 보내고는 혼자 한적한 곳으로 물러나 기도했다. 분명히 마음에 커다란 부담을 안고 있었을 것이다. 자기가 과거에 어떻게 에서에게 상처를 주었는지, 에서의 장자권을 어떻게 빼앗았는지 또렷이 기억해내고 에서가 몹시 두려웠을 것이다. 그리하여 하나님의 약속을 붙잡고 하나님께 탄원하기 위하여 한적한 곳으로 물러나 있었다.

그러나 한동안 전능자께서 자신에게 맞서는 것처럼 보였다. 그분과 다투었지만 도저히 이길 수 없었다. 밤새도록 계속 다투면서 기도했다. 하나님이 야곱을 시험하기 위하여 온갖 방도를 다 취하시는 것처럼 보였다. 야곱에게는 고백해야 할 잘못이 너무나 많았으며 견뎌내야 할 시련이 엄청나게 많았다.

여러분 가운데 어떤 사람은 자기 경험을 환기할 수 있을 것이다. 당신은 어떤 축복을 받아내고야 말겠다고 마음먹었는데, 당신과 하나님 사이에서 어떤 점이 아직 명확하지 않았다면 그런 시간을 보내면서 당신은 진땀을 쏟아낼 만큼 격심한 고통을 느꼈을 것이다. 그리고 비록 아무런 축복을 받지 못했을지라도 마침내 당신 스스로 겸손해질 때까지 싸움을 포기하지 않았을 것이다. 급기야 당신은 하나님을 설복했을 것이다. 이것이 바로 야곱이 겪은 것이다.

야곱은 스스로 겸손해져서 거꾸러질 필요가 있었다. 아마도 그때까지 야곱은 한 번도 에서에 대한 자기 행위를 조망하지 못했을 것이다. 그래서 하나님과 다투었다. 하나님도 야곱에게 맞서셨다. 그러니까 야곱은 계속해서 하나님과 다투었다. 급기야 하나님은 야곱의 넓적다리를 치셨으며 생애 마지막 순간까지 절름발이가 되게 하셨다. 이제 더는 하나님과 씨름할 기력이 없었음에도 여전히 하나님의 바짓가랑이를 붙잡고서 이렇게 외쳤다.

"저는 당신을 그냥 보내드리지 않겠습니다!"

비록 하나님이 그렇게 하도록 내버려 두셨지만 말이다.

야곱은 계속해서 "당신께서 저를 축복하시지 않는다면 저는 당신을 그냥 보내드리지 않겠습니다"라고 부르짖었다.

야곱에게 이렇게 말할 권리가 있었는가? 물론 그렇다. 야곱에게는 하나님이 말씀하신 약속이 있었다. 그래서 그렇게 했다. 그런데 마치 하나님이 그분의 약속을 지키시지 않을 것처럼 보였다. 그러나 이렇게 지체하시는 데는 분명히 그만한 중요한 의미가 숨겨져 있었다.

드디어 야곱의 마음은 그럴듯한 방식으로 축복받을 채비를 끝내고 있었다. 마치 "당신께서 약속하셨으니 이제는 저를 거부하시지 못할 거예요"라고 고백했던 것처럼 이제는 거부당하지 않겠다고 마음먹고 있었다. 이것은 건방진 언동이 아니었다. 비록 아무리 심각한 시험을 당하더라도 꼭 필요하다면 야곱은 낙담하지 않겠다는 의미로 이렇게 말한 것이었다.

야곱에게는 고백해야 할 것이 많았을 뿐만 아니라 약속받은 것도 많았다. 야곱의 내면에서는 엄청난 놀라운 싸움이 진행되고 있었다. 이제 한번 이렇게 생각해보자. 야곱이 하나님을 붙잡지 않았다면 어떻게 되었을까? 상상에 맡기겠다. 하지만 야곱은 끝까지 하나님을 붙잡고 있었다. 야곱이 "당신께서 저를 축복해주시지 않는다면 저는 당신을 그냥 보내드리지 않겠습니다"라고 말했을 때 얼마나 놀라운 응답을 받았는가!

하나님이 말씀하셨다.

"네 이름이 무엇이냐?"

자기 이름이 야곱이라고 대답했을 때 야곱의 얼굴은 빨개졌을 것이다. 그 이름에는 빼앗는 자, 다른 사람의 자리를 억지로 속여서라도 대신 차지하는 사람이라는 뜻이 담겨 있었기 때문이다. 자기 이름이 '빼앗는 자'였다고 고백했으며, 자기 형 에서로부터 장자권을 빼앗았기 때문에 정말로 빼앗는 자였다고 고백했다.

"저는 빼앗는 자입니다! 그것이 제 이름입니다."

이 얼마나 의미심장한 장면인가!

그런데도 야곱은 너무나 담대하고 열정적인 나머지 "당신께서 저를 축복해주시지 않는다면 저는 당신을 그냥 보내드리지 않겠습니다"라고 말했다.

전능자는 "네 이름이 무엇이냐? 네가 그로 말미암아 우쭐대지 않았느냐?"고 말씀하셨다.

야곱이 대답했다. "맞습니다. 제 이름은 야곱입니다."

하나님이 말씀하셨다.

"네 이름을 다시는 야곱이라 부를 것이 아니요 이스라엘이라 부를 것이니 이는 네가 하나님과 및 사람들과 겨루어 이겼음이니라"(창 32:28).

"네 이름을 다시는 야곱이라 부를 것이 아니요." 드디어 문제가 해결되었다. 야곱은 지금까지 줄곧 빼앗는 자로 살아왔다. 당신은 야곱이 태어나던 시절부터 전개된 상황을 똑똑히 기억할 것이다. 도대체 어떻게 야곱이라는 이름으로 불리게 되었는지, 형 에서의 장자권을 빼앗음으로써 얼마나 자기 이름을 증명했는지. 야곱은 지금까지 줄곧 자기 이름에 걸맞은 삶을 살아왔다. 그러나 바로 이처럼 강력한 믿음을 발휘한 이후로 이제 더는 지금까지 빼앗는 자로 살았던 시절을 기억하지 않고 하나님과 겨루어 이겼던 기억을 떠올리며 살아갈 수 있게 되었다.

이제 모세의 경우를 살펴보자. 모세는 현재 있는 모습 그대로 하나님 앞으로 걸어 나가 전능자의 손을 단단히 붙잡았다. 하나님은 이스라엘 백성에게 어떤 일이 이루어질 것이라고 모세에게 약속하셨지만 이스라엘 백성들은 계속 죄를 지으면서 우상을 숭배했다. 그러자 하나님은 이렇게 말씀하셨다.

"그런즉 내가 하는 대로 두라. 내가 그들에게 진노하여 그들을 진멸하고 너를 큰 나라가 되게 하리라"(출 32:10).

그다지 은혜가 없는 사람이라면 쉽사리 포기할 수 없는 커다란 유혹이었다.

그러나 오히려 모세는 이렇게 대꾸했다. "그러면 애굽 사람들이 뭐라고 말하겠습니까?" 하나님의 명예를 모세가 얼마나 존중하는지, 얼마나 끈질기게 하나님께 간구하는 영을 지녔는지 주목해보라. 하나님은 모세의 기도를 충분히 예상하시고 그렇게 기도하지 못하게 금하셨다. 그러나 진심으로 그렇게 말씀하지는 않으셨다. 하나님이 대답하셨다.

"그런즉 내가 하는 대로 두라. 내가 그들에게 진노하여 그들을 진멸하리라."

왜냐하면 이스라엘은 반역하는 백성이었기 때문이다.

그러나 하나님의 진노하심에도 모세는 하나님께 호소하기 위하여 한 걸음 더 앞으로 나아가야만 했다.

"어찌하여 애굽 사람들이 이르기를 여호와가 자기의 백성을 산에서 죽이고 지면에서 진멸하려는 악한 의도로 인도해 내었다고 말하게 하시려 하나이까. 주의 맹렬한 노를 그치시고 뜻을 돌이키사 주의 백성에게 이 화를 내리지 마옵소서"(출 32:12).

모세는 "애굽 사람들이 뭐라고 말하겠습니까? 당신의 위대하신 이름으로 그렇게 하시겠습니까?"라고 물으면서, "그러나 이제 그들의 죄를 사하시옵소서. 그렇지 아니하시오면 원하건대 주께서 기록하신 책에서 내 이름을 지워 버려주옵소서"(출 32:32)라고 간구했다. 모세의 단순한 냉철함과 확신이 얼마나 아름다운가! 하나님과 이스라엘 백성 사이의 틈을 막아서는 모세의 결단력이 얼마나 놀라운가!

이처럼 야곱과 모세의 끈질긴 기도는 형으로부터 죽임을 당할 수밖에 없는 야곱의 생명을 살렸고, 하나님의 진노를 사서 죽을 수밖에 없는 이스라엘 백성을 구했다. 그러므로 포기하지 않는 끈질긴 기도는 하나님을 설복한다는 사실을 기억해야 한다. 아무리 스트레스를 받더라도 당신의 영이 절대 낙심해서는 안 된다. 당신이 하나님을 설복하려 작정하고 기도할 때 곧장 응답이 없더라도 결코 포기해서는 안 된다. 이럴 때일수록 야곱과 모세처럼 더욱더 하나님께 매달리는, 생명을 담보로 끈질기게 기도하는 열정이 필요하다.

점점 더 많이 기도할수록 기도를 사랑하게 되고
점점 더 많이 하나님을 누리게 될 것이다.
우리가 점점 더 많이 기도할수록
하나님은 우리를 기뻐하시고
우리의 기도를 들으신다는 사실을
다른 사람에게 드러내기를 좋아하신다.

"하나님이여 나의 구원의 하나님이여 피 흘린 죄에서 나를 건지소서.
내 혀가 주의 의를 높이 노래하리이다. 주여 내 입술을 열어주소서.
내 입이 주를 찬송하여 전파하리이다"(시 51:14-15).

포기하지 않는 기도로 기쁨을 누리라

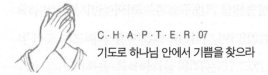

또 여호와를 기뻐하라. 그가 네 마음의 소원을 네게 이루어 주시리
로다. 시편 37:4.

이 약속의 말씀에는 하나님과 최고로 공감한다는 의미가 내포되어
있다. 하나님 안에서 기쁨을 찾는다는 것을 하나님과 공감하는 일
이라고 말하는 것보다 더 적절하게 표현할 수 있는 사람은 아무도
없다. 하나님이 자기 마음에 정해두신 위대한 목적에 관해서, 그 목
적을 성취하시려고 시도하는 수단에 관해서 공감하는 것이다. 하나
님 안에서 기쁨을 찾으려는 사람은 하나님 말씀을 받아들이고 하나
님의 관점과 감정 안으로 들어가야 한다. 하나님이 선포하시는 모
든 말씀에 온 마음을 다하여 아멘으로 화답할 수 있어야 한다. 그리
고 하나님이 베푸시는 모든 섭리에, 하나님이 보여주시는 모든 성

품, 일하심, 방법에 전심에서 우러나오는 아멘으로 반응할 수 있어
야 한다.

하나님 안에서 기쁨을 찾으라

하나님과 더불어 이렇게 최고로 공감하는 사람은, 그
리고 하나님의 성품, 통치, 정책, 목적, 수단에 깊이 관심을 두는 사
람은 당연히 하나님 안에서 기쁨을 찾을 것이며, 그렇지 않은 사람
은 누구도 하나님 안에서 기쁨을 찾지 못할 것이다. 그렇다면 하나
님 안에서 기쁨을 찾는다는 말에는 어떤 의미가 내포되어 있는가?

하나님 안에서 맛보는 최고의 만족과 절대적 확신

하나님 안에서 기쁨을 찾는다는 것은 그분 안에서 맛보는 최고
의 자기만족이나 내면의 깊은 만족을 의미한다. 하나님 안에서 느끼
는 자기만족은 하나님을 향한 자비심이나 선의로써 하나님의 성품
과 관계를 깊이 생각하는 과정에서 변화되는 것이다. 자기만족이란
흔히 우리 영혼의 감수성이나 감정, 정서 안에 존재하는 포괄적인
기쁨이다. 그러나 현실에서는 이런 자기만족을 찾는다는 게 그다지
쉽지 않다.

어떤 덕목이라고 생각할 때 자기만족은 의지나 마음에 속한 영

역이며, 항상 여러 가지 감수성이나 감정에 상응하여 나타나는 상태를 의미한다. 그런데 이 상태는 하나님의 성품, 통치, 관계, 일하심, 방법 따위를 바라보면서 맛보는 기쁨이나 즐거움이다. 하나님 안에서 맛보는 이와 같은 마음의 자기만족이 없다면 우리는 진정으로 주님 안에서 기쁨을 찾고 있다고 말할 수 없다.

또한 하나님 안에서 기쁨을 찾는다는 것은 그분 안에서 절대적인 확신을 찾는다는 뜻을 내포한다. 하나님의 성품, 섭리, 말씀 안에서 최고의 절대적인 확신을 갖지 못한다면 우리는 진정으로 하나님 안에서 기쁨을 찾고 있다고 절대 말할 수 없다. 우리 마음에서 무한하고 완전하다고 여기지 않는 것이라면 우리에게 모든 것을 만족시키는 대상으로서 어떤 것도 선택할 수 없다. 우리 마음은 너무나 확고하게 정해져 있어서 다른 어떤 것에도 만족할 수 없다. 우리 마음은 불완전해 보이는 것에는 무엇이든지 다양한 방식으로 자연스럽고도 필연적인 불만족을 드러내게 된다. 하나님 안에서 기쁨을 찾는다는 것은 우리 마음에서 그분을 무한하신 충만, 완전, 진실하심뿐만 아니라 우리 영혼을 가득 채우고 충분히 만족시킬 수 있는 온갖 속성을 소유한 분으로 여긴다는 뜻이다.

일반적으로 인간은 스스로 생각하기에 자신을 행복하게 만들어 줄 것처럼 보이는 대상을 좇아 피조세계에서 행복을 찾아내려고 애쓴다. 그러나 무한하고 완전하신 창조주를 제외한 어떤 것도 우리의 필요와 요구를 온전히 만족시킬 수 없다. 시편 37편 4절 말씀에서 의미하는 것처럼 하나님 안에서 기쁨을 찾는다는 것은 우리가 하나님 안에서 만족한다는 것이며, 그분의 충만하심과 완전하심이 우리 존재의 모든 요구를 충족시킨다는 뜻이다. 하나님 안에서 우리는 모든 것을 충분히 가지게 되며, 우리 마음은 그분을 엄청난 보상으로 여기며, 무한하게 풍부하고 만족스럽고 충만하며 넘쳐흐르는 영광스러운 영원한 몫으로 여기게 된다.

하나님 안에서 누리는 순종의 기쁨

하나님 안에서 기쁨을 찾는다는 것은 우리의 의지가 그분의 뜻에 절대적으로 순종한다는 의미를 내포한다. 하나님께 전적으로 순종하지 않는 영혼은 하나님 안에서 기쁨을 찾을 수 없다. 그런 영혼은 자기 의지를 부모의 뜻에 굴복시키지 않는 아이와 같다. 그 영혼은 하나님의 통치 아래서도 불안을 느끼며, 흔히 하나님이 섭리를 베풀고 말씀을 통하여 요구하시는 것 때문에 오히려 불행해진다고 생각한다. 하나님 안에서 참된 기쁨을 찾는다는 것은 우리의 의지가 모두 사라지고 오직 하나님 뜻이 이루어지도록 한다는 의미이다. 하나님 안에서 기쁨을 찾는다는 것은 우리 영혼이 정말로 하나님을 무한히 지혜롭고 선하신 분으로 여기면서, 그것이 무엇이든지 간에 하나님의 온갖 약속과 섭리에 가장 충만한 만족을 느낀다는 것이다.

또한 그것은 그분께 절대적인 순종의 영을 갖는다는 뜻이다. 이는 곧 아무런 주저 없이 하나님의 뜻을 모조리 행하겠다는 결단으로 하나님이 우리가 행할 것을 마음껏 시키시도록 그분께 간구하는 마음의 상태이다. 그러니까 전적으로 하나님을 기쁘시게 하려고 자신을 내드리는 것이다. 다시 말해 우리 모든 존재를 하나님 뜻에 순종하여 우리의 유일한 목적이나 계획이 모든 일에서, 언제나, 모든 장소에서 영원토록 오직 그분을 위하여 살아가는 것이다.

그러나 그냥 순종하는 것과 순종하는 가운데 기뻐하는 것은 전혀 다른 문제이다. 참된 순종이야말로 항상 기쁨을 낳는다. 하지만 순종과 기쁨은 같은 게 아니다. 참된 순종의 영이 존재할 때 우리는 하나님을 섬기는 데서 아주 자연스럽게 기쁨과 행복을 찾을 수 있다. 우리는 항상 자기 마음을 쏟는 과정을 통해 기쁨을 찾는다. 그러므로 우리의 마음이 하나님을 기쁘게 하는 데 드려지고 이와 같은 목적을 위하여 살아갈 때, 하나님의 영광과 관심사에 절대적으로 자신을 바칠 때 어떤 것도 그만큼 커다란 즐거움을 선사하지 못할 것이다. 우리는 하나님을 섬기고 그분의 명령대로 행하며 모든 일에서 그분을 섬기려고 애쓰는 것 이외에는 다른 어떤 대상에게서도 기쁨을 찾지 못할 것이다. 하나님을 섬기는 일이 마치 고기와 물처럼 우리에게 일용할 양식이 될 것이다. 예수 그리스도께서 "내게는 너희가 알지 못하는 먹을 양식이 있느니라"(요 4:32), "나의 양식은 나를 보내신 이의 뜻을 행하며 그의 일을 온전히 이루는 이것이니라"(요 4:34), "나의 하나님이여 내가 주의 뜻 행하기를 즐기오니"(시 40:8)라고 말씀하셨을 때 의미하는 바를 깨닫게 될 것이다.

하나님의 영광을 최고 목적으로 삼는 것

하나님 안에서 기쁨을 찾는다는 것은 그분의 명예와 영광에 깊은 관심을 둔다는 뜻이다. 그렇기에 우리는 말하고 행하는 모든 것을 통해 하나님께 영광을 돌려야 하고, 그것을 최고의 목적으로 삼아야 한다. 그럴 때 비로소 우리는 하나님과 공감할 수 있게 된다. 하나님은 자신의 관심사와 영광을 최고로 신경 쓰고 계시며, 그것이 하나님이 일하시는 주요 목적이다. 그러나 이것은 하나님께서 이기적이라는 의미가 절대 아니다. 단지 이와 같은 관심사는 최고선에 도달하게 하므로 하나님은 자기 영광에 최고로 관심을 두신다는 뜻이다.

하나님의 안녕은 지금까지 창조되었던, 또한 앞으로 만들어질 수도 있는 모든 피조물의 안녕을 전부 합친 것보다 더 무한할 정도로 소중하다. 하나님의 안녕은 무한하다. 반면 모든 피조물의 안녕은 항상 유한하다. 이 세상에 존재하는 어떤 것도 그만큼 무한할 수 없으며, 결과적으로 그만큼 영원하고 필연적이지 않다. 지금까지 역사상 유한한 어떤 것도 무한에 도달하기까지 성장한 적이 없었다. 그러므로 모든 유한한 피조물의 안녕을 전부 합치더라도 항상 하나님의 안녕보다 유한하고 당연히 덜 무한해야 한다.

만약 하나님이 각자의 상대적인 가치에 따라 만물을 대하신다면, 당연히 그분은 다른 모든 존재의 행복과 영광을 전부 합친 것보다 자기 행복과 영광에 무한정 더 많은 애정을 두셔야 한다. 무한자와 유한자 사이에는 어떤 비교도 있을 수 없다. 아무리 모든 피조물의 끝없는 행복을 전부 합친 가치라 할지라도 하나님의 안녕과 비교할 때는 아무것도 아니다. 하나님은 자신의 안녕을 매우 소중히 여기시는데, 그분이 그렇게 해야 하는 것은 매우 합리적이고 옳을 뿐만 아니라 무한할 정도로 중요하다. 결과적으로 하나님의 영광과 안녕은 그분이 행하시는 모든 일의 궁극적인 목적이다.

이와 같은 사실을 오래전 조나단 에드워즈가 말하였을 때 나는 거기에 담긴 진정한 의미를 즉시 깨닫지 못했었다. 그런데 마치 사람들이 그러한 선포 때문에 걸려 넘어진 것처럼, 마치 그 말씀이 하나님께서 이기적인 분이라고 의미하는 것인 양 이야기하는 소리를 지금까지 자주 들었다. 하지만 하나님이 그분의 행복과 영광에 가장 많이 마음을 쏟아붓는다고 해서 이기적인 것은 아니다. 왜냐하면 거기에는 본질적인 가치가 내재되어 있기 때문이며, 그것은 무한할 정도로 지고한 선이기 때문이다. 그러므로 이제 하나님 안에서 기쁨을 찾는다는 것은 우리가 그분의 관심사를 최고의 선이자 무한한 선으로 간주한다는 뜻이며, 온 우주에서 하나님의 영광과 명예를 드높이는 데서 기쁨을 찾는다는 뜻이다.

또한 그것은 우리가 궁극적으로 그분과 영원한 연합과 교제를 갈구한다는 뜻이다. 우리의 행복에 관해서 우리가 간구하는 것이라고는 오직 이것이 전부이다. 곧 영원무궁토록 복되신 하나님과 영원한 연합과 교제를 나누는 것, 만약 하나님이 우리에게 이것을 허락하신다면 이제 우리는 행복에 가장 본질적인 어떤 것도 부족하지 않을 것이다. 그러나 만약 우리가 이것을 빼앗긴다면 온 우주에서 어떤 것도 우리를 만족시킬 수 없을 것이다.

하지만 우리가 시편 37편 4절의 말씀처럼 하나님을 기뻐한다면 하나님은 우리 마음의 소원을 들어주실 것이다. 우리가 스스로 애정을 쏟고 있는 것을 얻으리라는 사실이며, 다시 말해 우리가 정말로 소중히 여기는 소망이 이루어질 것이라는 뜻이다. 만약 우리가 하나님 안에서 기쁨을 찾는다면 우리가 마음에 품고 있는 모든 것을 누리게 될 것이다. '주님이 네 마음의 소원을 들어주신다' 는 말씀에는 아무런 제한이 없다. 이 말씀에는 우리가 계속해서 마음에 품고 기도하는 것은 반드시 들어주신다는 의미가 담겨 있다. 여기에 일시적이고 덧없는 소망이나 욕망을 자극하는 것들은 허락되지 않겠지만, 거기에 우리 애정과 마음을 두고 있다고 확실히 말할 수 있는 우리 영혼의 지극한 소망은 반드시 우리에게 허락될 것이라는 의미가 담겨 있다.

먼저 주님 안에서 기쁨을
찾는다는 조건을 충족시키라

오직 주님 안에서 기쁨을 찾는다는 조건이 없었다면 그 약속은 온 우주 만물에 불안전한 약속이 되었을 것이다. 우리가 하나님께 매우 공감하고 있다는 사실을 모른다면 하나님이 우리 마음의 소원을 들어주시기 위하여 무조건 약속하시는 것은 불합리하고 불안전해지게 될 것이며, 비난이나 정죄를 받지 않고서는 도저히 할 수 없는 일이 되고 말 것이다. 이와 같은 조건을 내걸지 않고서 하나님이 무작정 그런 약속을 덜컥하셨다면 도대체 무슨 일이 벌어졌을까? 글쎄, 우리의 이기적인 욕망이 아마도 당연하게 여겨졌을 것이다. 하나님을 우리 소망의 커다란 목적과 중심으로 삼을 때 그것은 하나님 뜻과 일치할 뿐만 아니라 우리에게 그 소망대로 허락하시는 하나님의 최고의 선에도 일치하게 된다. 하나님이 우리 영혼에 자신을 내주실 때 그분은 우리 영혼의 소망을 만족시켜주신다.

하나님은 이와 같은 조건을 내걸지 않고서는 안전하게 그런 약속을 제시하실 수 없다. 왜냐하면 그럴 때 약속을 성취하기란 불가능하기 때문이다. 하나님이 모든 사람에게 마음의 소원을 무조건 들어주겠다 약속하셨다고 가정해보라. 그와 관련하여 목적이 다른 사람들의 끝없는 탐욕과 더불어, 단 한 사람만이 소유할 수 있음에도 수많은 사람이 동일한 것을 바라는 경우가 생겨날 수도 있다.

그런데 우리가 오직 주님 안에서 기쁨을 찾는다는 조건 위에서 하나님이 그런 약속을 내놓는 것은 완벽하게 안전하다. 주님 안에서 기쁨을 찾는 사람은 누구든지 하나님 뜻과 일치하지 않는 것을 절대 바랄 수 없기 때문이다. 하나님의 성령이 그 안에 내재하신다. 그의 마음에 품는 모든 애정과 소망은 하나님의 성령이 다스리시는 영향력 아래 놓인다. 그래서 하나님 안에서 기쁨을 찾는 동안 하나님의 성령이 이끄시지 않으면 어떤 것에도 자기 마음을 두지 않겠다고 확실히 결단하게 된다. 이럴 때 확실히 그는 금지된 대상을 좇아 탐욕을 품을 수 없으며 오직 주님 안에서 기쁨을 찾게 된다.

그래서 이 약속은 조건적이다. 우리 마음이 하나님 안에서 기쁨을 찾을 때 하나님은 그 마음에 품은 것을 허락하기를 기뻐하시기 때문이다. 하나님은 자신을 내주기를 굉장히 좋아하시며, 자기 마음을 하나님께 고정한 사람에게 그분의 충만한 은혜를 너무나 베풀고 싶어 하신다. 하나님은 그분을 사랑하는 사람을 사랑하신다. 하나님이 자기 원수를 사랑하신다는 말에도 일리가 있지만, 하나님이 원수를 사랑한다고 해서 그 원수의 도덕적인 성품을 기쁘게 받아들인다는 뜻은 아니다. 하나님은 그분 안에서 기쁨을 찾는 사람과 소통하기를 굉장히 즐기신다. 그들이 하나님의 기쁨에 동참하여 하나님의 즐거움으로 흘러넘치는 강물을 마실 수 있도록 인도하기를 무척 좋아하신다. 그들을 하나님의 신성, 하나님의 성결, 하나님의 행복에 함께 참여하는 자로 삼기를 기뻐하신다.

하나님께서 그분 안에서 기쁨을 찾는 사람이 마음에 품은 소원을 허락하시는 것은 온 우주에 지극히 중요한 일이다. 하나님께서 그렇게 하시는 것은 이 세상에 존재하는 모든 피조물의 최고의 선을 위한 것이다. 그것은 바로 하나님의 영광을 위한 것이다. 그것은 하나님의 통치에 안정성을 제공한다. 그것은 하나님께 지극히 명예로운 일일 뿐만 아니라 하나님께서 그분에게 자기 마음을 두는 사람의 소원을 이루어주신다는 사실을 아는 것도 피조물에게는 지극히 유용한 일이다.

＊ ＊ ＊ ＊ ＊

하나님 안에서 기쁨을 찾는 사람은 당연히 활기찬 마음 상태를 확실히 드러낼 것이다. 왜냐하면 이처럼 하나님 안에서 기쁨을 찾는 자체가 이미 유쾌한 마음 상태이며 그들은 자기 마음에 기쁜 소원을 품고 있기 때문이다.

결과적으로 불행, 침울함, 의기소침함, 절망 등을 낳는 우리 마음의 만족하지 못하는 갈망은 하나님 안에서 기쁨을 찾는 마음 상태가 아니다. 하나님 안에서 기쁨을 찾는 영혼은 무슨 일을 만나든지 기뻐한다. 그런 영혼은 자기 방식이나 의지를 고집하지 않는다. 그러므로 실망할 필요가 없다. 거기에는 이기적인 본성의 갈망이나 탐욕이 전혀 없다. 자신이 애정을 쏟는 것들을 억지로 거스르거나 부인할 필요도 없다. 왜냐하면 오직 하나님께만 모든 애정을 쏟기 때문이다. 그런 영혼은 하나님 안에서 기쁨을 찾는 한편, 당연히 모든 환경 아래서 행복하며 항상 기뻐할뿐더러 쉬지 않고 기도하면서 범사에 감사할 수 있다.

지금까지 이야기된 내용으로 미루어볼 때 우리는 왜 그토록 많은 기도가 하나님을 제대로 설복하지 못하는지 이해할 수 있을 것이다. 실제로 우리 안에는 하나님에 관해서 상당히 많은 불만족이 있으며 세상의 것들을 좇는 너무나 많은 탐욕스러운 마음이 자리 잡고 있다. 이처럼 탐욕을 좇는 것은 무한히 지혜롭지 못하고 안전하지도 못한 처사이다. 설복하는 기도의 유일한 조건으로써 우리는 오직 하나님 안에서 기쁨을 찾아야 한다. 이렇게 할 때라야 하나님의 성령이 우리의 기도에 영향을 끼치셔서 당연히 응답받게 될 것이다.

오늘날에 얼마나 많은 사람이 하나님 안에서 기쁨을 찾는 것처럼 보이는가? 얼마나 많은 사람이 하나님과 소통하고 교제하기 위하여 애쓰고 있는가? 얼마나 많은 사람이 하나님과 연합하는 것을 인생 최고의 목적으로 삼고 있는가? 흔히 그들의 기도가 응답되지 않는 것은 전혀 이상한 일이 아니다. 설복하는 기도의 조건이 충족되지 않기 때문이다. 많은 사람이 자기 영혼이 하나님과 교제하는 것을 열망하면서 그분 안에서 기쁨을 찾는 것이 아니라 정죄감에 따른 부담감 때문에 어쩔 수 없이 기도한다. 성경, 하나님의 집, 기도하는 골방에 머물기를 아주 좋아하는 대신, 다시 말해 하나님 안에서 기쁨을 찾는 대신, 조금이라도 자신에게 유익한 것을 발견할 수 있을지 알아보기 위하여 이곳저곳을 끊임없이 배회한다. 그들은 "누가 우리에게 유익한 것을 보여줄 수 있을까?"라는 질문을 끊임없이 던지는 것처럼 보인다. 이런 마음 상태에 있는 사람은 마음의 소원을 이룰 수 없다.

수많은 소원이 이루어지지 않는 또 다른 이유는 그것이 올바른 종류의 소원이 아니라는 점이다. 사실 주님 안에서 기쁨을 찾는 사람도 마음에 여러 가지 소원을 품게 될 것이다. 그러나 언제나 불쌍한 처지에 있으면서 도저히 누릴 수 없는 것을 마음에 품는 대신, 오직 주님 안에서 기쁨을 찾을 때 이처럼 자기 능력 밖에 있는 것을 추구하는 온갖 아귀다툼과 지저분한 탐욕은 사라지고 말 것이다. 마치 젖 뗀 아이처럼 잔잔한 평온을 누리게 될 것이다.

중언부언하는 기도는 혹시 그것이 기도라고 불릴 수 있다면, 다른 무엇보다 그 용어에 관한 성경적인 의미로 비추어볼 때 단지 탐욕에 지나지 않는다. 그것은 어떤 이기적인 유익을 좇으려는 마음의 갈망일 뿐이다. 중언부언하는 기도는 단지 이기적인 마음의 갈망을 쏟아내는 것에 지나지 않는다. 사도 야고보는 이와 같은 마음 상태에 관하여 이렇게 말한다.

"너희 중에 싸움이 어디로부터 다툼이 어디로부터 나느냐. 너희 지체 중에서 싸우는 정욕으로부터 나는 것이 아니냐. 너희는 욕심을 내어도 얻지 못하여 살인하며 시기하여도 능히 취하지 못하므로 다투고 싸우는도다. 너희가 얻지 못함은 구하지 아니하기 때문이요 구하여도 받지 못함은 정욕으로 쓰려고 잘못 구하기 때문이라"(약 4:1-3).

하나님 안에서 기쁨을 찾을 때 최고의 소원은 당연히 하나님과 연합하고 소통하고 싶다는 마음일 것이다. 이것이 다른 모든 것을 몰입하게 하는 마음의 소원일 것이다. 예를 들면 우리는 흔히 다른 것을 모두 집어삼키는 어떤 마음 상태나 소원을 보게 된다. 마음이 온통 한 가지 소원에 너무나 집중한 나머지, 다른 것에는 거의 신경 쓰지 못한다. 우리는 이 세상에서 이와 같은 마음 상태를 자주 목격한다. 한 가지 소원이 나머지 모든 것을 다 집어삼킨다.

때때로 우리는 매우 사악한 사람에게서도 이런 모습을 목격한다. 독한 술을 마시고 싶다는 술주정뱅이의 욕망은 온갖 다른 욕구를 없애고 그를 완전히 망가뜨릴 것이다. 심지어 자연스러운 애정도 그로 말미암아 다른 모든 것이 완전히 소멸하는 것처럼 보일 것이다. 때때로 아내를 향한 남편의 애정이 너무 강하다 보면 다른 건 아무것도 신경 쓰지 않게 되기도 한다. 그러다가 사랑할 대상을 잃게 되면 "이제 나에게 무엇이 남아 있지? 아무것도 사랑할 대상이 없어!"라고 울부짖을 것이다. 다른 모든 것에 대한 이 사람의 관심사가 완전히 괴멸되었기 때문이다.

구체적인 예를 한 번 들어보자. 어떤 사람이 하나님과 친숙해져서 그 사람의 감수성이 하나님을 향하여 올바로 발전될 때, 그의 모든 소원이 하나님께 중심을 둘 때 하나님은 그 영혼의 궁극적인 목적으로 자리 잡게 된다. 그에게서 하나님을 제외하고 다른 무엇을 취할 수 있을지 몰라도, 당신은 그의 행복에 아무런 영향을 끼칠 수 없다는 의미에서 그렇다는 뜻이다. 이 한 가지 소원이 나머지 모든 것을 통째로 집어삼켜 버린다. 그러한 영혼에는 하나님의 사랑과 비교하여 다른 어떤 것도 지푸라기만 한 가치조차 없다.

그리스도께서도 한번은 이와 같은 한 가지 거대한 생각에 너무나 사로잡힌 나머지 "보소서. 당신의 어머니와 동생들이 당신께 말하려고 밖에 서 있나이다"(마 12:47)라는 소리를 들었을 때 "누가 내 어머니이며 내 동생들이냐"(마 12:48)라고 대구하셨다. 그런 다음에는 손을 내밀어 제자들을 가리키면서 이렇게 말씀하셨다. "나의 어머니와 나의 동생들을 보라. 누구든지 하늘에 계신 내 아버지의 뜻대로 하는 자가 내 형제요 자매요 어머니이니라"(마 12:49-50). 그리스도께서는 혈육지친을 영적인 가족관계보다 훨씬 더 소중하게 여기려는 생각을 꾸짖으려는 의도에서 그렇게 말씀하셨다. 하나님과 연합하고 교제하는 것을 가장 먼저 소원하시면서, 그분과 이와 같은 관계를 유지하고 있는 사람들에게 "너희가 내 어머니요 형제들이다"라고 말씀하신 것이다.

하나님을 향한 감수성을 잘 발달시킨 사람이라면 누구든지, 모든 것이 이와 같은 목적에 도달하기 위해서는 나름대로 어떤 관계를 유지해야지 그렇지 않으면 아무런 가치가 없다고 느끼게 된다. 다른 아무것도 기쁘지 않기 때문이다. 그러한 마음을 가진 사람에게 어떤 관심을 끌기 위해서는 하나님 자신, 하나님의 통치, 하나님의 영광과 나름대로 어떤 관계를 맺고 있어야 한다. 이와 같은 관계를 소중하게 유지하지 않고 있다면 사람에게 가장 친근하고 소중한 대상이 자신도 모르게 아무런 가치도 없는 존재로 내던져지게 될 것이다.

얼마 전에 어떤 사람이 다른 사람에게 이렇게 말했다.

"나는 사람들에 대한 당신의 영향력을 무너뜨려 달라고 주님께 기도하고 있어요."

그러자 상대방이 이렇게 대꾸했다.

"글쎄요. 만약 제 영향력이 선하지 않다면 주님이 당신의 기도에 응답해주시기를 바랍니다. 하나님을 영화롭게 할 수 없다면 그 영향력이란 제 마음에도 아무런 소용이 없기 때문이지요. 그러니까 제가 아무런 선한 영향력을 발휘하지 못한다면 솔직히 저는 그것이 무너지기를 바란답니다."

그 사람은 자기가 느끼는 대로 솔직하게 잘 대답했다고 생각한다. 그는 자기 영향력이 온 세상에 별다른 선을 끼치지 못하고 있다면 아무런 가치가 없다고 느꼈다. 자기 영향력 자체에 관해서 하나님을 영화롭게 하는 가치와 거리가 멀다면 아무것도 아니라고 생각했다. 그러므로 모든 것이 하나님께 소중해야 한다. 그렇지 않으면 마땅히 아무것도 아닌 것으로 간주해야 한다.

우리는 이 세상에 있는 다른 것에 너무나 집착한 나머지 자신이 애정을 쏟는 대상과 어떤 관계를 유지하지 못한다면, 사실상 삶의 의미를 상실한 채 이제 더는 아무것도 즐길 줄 모르는 것처럼 보이는 사람을 자주 목격한다. 때때로 남편과 아내 사이에서 이와 같은 관계를 유지하고 있어서 모든 것이 상대방과 유지하고 있는 관계에 따라 가치가 결정된다.

그런데 이 마음이 하나님께 너무나 완벽하게 사로잡혀서 부부 사이의 사랑에 싫증이 나고 하나님의 사랑에 너무나 황홀해지게 되면 시편 기자처럼 "하늘에서는 주 외에 누가 내게 있으리요 땅에서는 주밖에 내가 사모할 이 없나이다"(시 73:25)라고 고백할 정도로 하나님 안에서 누리는 기쁨을 찾게 된다. 시편 기자는 이 고백이 무슨 의미인지 잘 알고 있었다. 자기 아버지, 어머니, 그리고 여전히 사랑하는 사람이 곁에 있지만 그런데도 시편 기자는 "하늘에서는 주 외에 누가 내게 있으리요 땅에서는 주밖에 내가 사모할 이 없나이다"라고 외치고 있다.

그 자손들과 엄청난 애착을 보였던 사람들이 시편 기자 주변에 있었다. 그러나 하나님의 존재를 생각할 때 시편 기자의 영혼은 "하늘에서는 주 외에 누가 내게 있으리요 땅에서는 주밖에 내가 사모할 이 없나이다"라고 소리칠 수밖에 없었다. 이것이 바로 하나님의 사랑에 매혹당해 넋을 잃은 마음에서 나타나는 현상이다.

또한 주님 안에서 기쁨을 찾는 사람은 하나님과 교제하는 일에 맞서는 모든 일을 미룰 것이다. 당신은 그가 기도 모임에 참석하지 못하겠다고 골방에서 기도하는 시간을 보내지 않겠다고 하나님과 교제하지 못하겠다고 변명하는 경우를 찾아보기 어려울 것이다. 하지만 정말 진솔해 보이는 사람이 하나님과 교제하고 싶다고 말하면서도 실제로 행하지 않는 경우를 목격하게 된다. 그들은 기도회에 참석하고 싶기는 하지만 온종일 매우 힘겹게 일하거나 해야 할 일이 너무나 많거나 어떤 그럴듯한 구실이 있어서 거기에 참석할 수 없다고 핑계를 댄다.

그런데 사람이 정말로 주님 안에서 기쁨을 찾게 될 때 그러한 변명은 그다지 중요해 보이지 않게 된다. 그 영혼이 진실로 여호와 하나님을 갈망하는 사람, 시편 기자처럼 "하나님이여 사슴이 시냇물을 찾기에 갈급함같이 내 영혼이 주를 찾기에 갈급하니이다. 내 영혼이 하나님 곧 살아 계시는 하나님을 갈망하나니 내가 어느 때에 나아가서 하나님의 얼굴을 뵈올까. 사람들이 종일 내게 하는 말이 네 하나님이 어디 있느뇨 하오니 내 눈물이 주야로 내 음식이 되었도다"(시 42:1-3)라고 고백할 수 있는 사람이라면 하나님과 교제할 수 있는 곳으로 나아가기를 좋아할 것이다. 그는 마치 숨 쉬는 것처럼 하나님과 교제하지 못하도록 방해하는 다른 모든 것을 자연스럽게 미룰 것이다. 사실 사람들이 성경을 읽거나 각종 모임에 참석하지 못하겠다고 온갖 변명을 늘어놓을 때 하나님과 교제하면서 맛보는 기쁨을 상실하기 시작한다는 것은 공공연한 비밀이다.

만약 우리가 하나님 안에서 기쁨을 찾는다면 하나님은 우리 안에서 기쁨을 찾으실 것이다. 하나님은 그분 안에서 누리는 우리의 기쁨에 비례하여 우리 안에서 기쁨을 찾으실 것이다. 우리가 하나님과 교제하기를 원하는 만큼 하나님도 우리와 교제하기를 원하실 것이다. 하나님은 교제를, 거룩한 사람들의 교제를 사랑하신다. 만약 우리가 하나님을 기꺼이 받아들인다면 그분도 우리를 기꺼이 받아들이실 것이다. 만약 우리가 하나님을 갈망한다면 그분도 우리를 갈망하실 것이다. 만약 우리가 하나님께로 빠져든다면 그분도 우리에게로 빠져드실 것이다. 이것이 바로 마음의 법칙이다.

하나님이 자신 안에서 기쁨을 찾는 사람들에게서 기쁨을 누리지 못하시는 것은 불가능한 일이다. 하나님이 자신을 찾는 사람을 찾지 않는 것도 불가능한 일이다. 하나님 안에서 기쁨을 찾는 사람 안에서 기쁨을 누리지 않는 것은 그분 자신을 부인하는 것과 마찬가지다. 어떤 사람의 마음이 하나님과 연합을 추구할 때 하나님은 그에게 자신의 마음을 두신다. 그는 하나님께 그분의 눈동자처럼 사랑스러운 존재이다. 하나님은 자기 영혼을 사랑하듯이 그를 사랑하신다. 왜 하나님이 그럴 수 없겠는가? 그는 하나님의 일부이다. 소위 말하자면 하나님의 살 중의 살이요 뼈 중의 뼈이다. 이처럼 그는 하나님의 본성에 동화되는 과정을 거친다. 하나님은 인간 예수 그리스도를 사랑하듯이 그를 사랑하시게 된다. 그리하여 하나님은 사랑하는 아들 예수 그리스도에게서 돌아서지 않는 것처럼 이제 더는 그에게서 돌아서지 않으실 것이며 그의 이야기에 열심히 귀 기울이실 것이다.

이제 우리는 이와 같은 사실을 이해해야 한다. 곧 우리가 하나님께로 강하게 이끌리는 자신을 발견할 때마다 하나님은 우리에게로 무한히 이끌리신다. 우리 마음이 하나님을 갈망하고 있을 때 그분은 우리를 갈망하고 계신다. 그런데 사실상 그분을 향하여 우리를 이끄시는 분은 바로 우리를 갈망하고 계시는 하나님이시다. 우리는 이 진리를 마음에 새겨야 한다. 곧 우리 마음이 하나님을 향하여 달려가고 있을 때 하나님도 우리를 향하여 달려오고 계신다. 하나님은 이렇게 말씀하고 계신다. "내게로 가까이 나아오라. 그리하면 내가 너희 가까이로 나아가리라. 나에게로 돌아오라. 그리하면 나도 너희에게로 돌아가리라. 나를 사랑하라. 그리하면 나도 너희를 사랑하리라."

하나님 안에서 기쁨을 찾는 사람은 혹시 무슨 이유로 하나님과 교제가 이루어지지 않으면 굉장히 애통해할 것이다. 혹시 무슨 이유로 하나님이 그분의 얼굴빛을 보여주시지 않는 때가 바로 애통한 날이 될 것이다. 이때 그가 행복하게 지낸다는 것은 불가능하다. 오히려 그는 다윗처럼 말하게 될 것이다.

"내 영혼아 네가 어찌하여 낙심하며 어찌하여 내 속에서 불안해하는가. 너는 하나님께 소망을 두라. 그가 나타나 도우심으로 말미암아 내가 여전히 찬송하리로다"(시 42:5).

이 경우에 비록 시편 기자는 하나님 안에서 확신이 있었음에도 여전히 애통해하고 있다. 시편 기자는 자기 영혼에 새로운 기운을 불어넣으려고 애썼지만 애통할 수밖에 없었다. 그럴 때 우리의 영혼은 "나의 하나님, 나의 하나님, 어찌하여 나를 버리셨나이까?"라고 소리 높여 외칠 수밖에 없게 된다.

나는 종종 그리스도께서 십자가 위에서 말씀하신 것이 수수께끼 같은 신비라기보다는 오히려 많은 경우에 우리를 믿음으로 이끌었을 것으로 생각했다. 하나님과 교제하고 동행하는 것이 무엇인지, 하나님이 그분의 얼굴을 자신에게서 돌린다는 것이 무엇인지 잘 알고 있는 그리스도인은 자연스럽게 이와 같은 말을 사용할 것이다. 그러면서 시편 기자처럼 부르짖을 것이다. "주님이 영원히 나를 버리실 것인가? 그분이 이제 더는 호의적이지 않단 말인가? 하나님의 자비가 영원토록 사라져버린 것인가? 그분의 약속이 이제부터 영원히 지켜지지 않는단 말인가? 하나님이 은혜 베푸시기를 잊으셨단 말인가? 진노하신 하나님이 그분의 섬세한 자비를 거두셨단 말인가?" 시편 기자가 그토록 처절하게 부르짖었던 것도 전혀 이상한 일이 아니다. 하나님의 얼굴이 왜 자신에게서 떠났으며, 왜 이런 일이 벌어졌는지 알아내기 위하여 시편 기자는 하나님께 부르짖을 수밖에 없었다.

어떤 사람이 하나님 안에서 기쁨을 찾고 하나님 때문에 슬퍼하는 마음 상태에 빠져들게 된다면 그의 애통은 매우 순종적이고 특별해질 것이다. 그것은 반항적이고 불평으로 가득한 마음 상태인 이 세상의 애통과 전혀 같지 않을 것이다. 그것은 '젖 뗀 아이'의 애통으로써 매우 순종적이고 특별한 종류의 애통과 순복일 것이다. 그것은 반항적이거나 불평으로 가득한 것이 아니겠지만 그다지 즐거운 기분도 아닐 것이다. 그것은 의심스럽지도 않을 것이다. 오히려 "너는 하나님께 소망을 두라"고 외칠 것이다. 그리고 하나님으로부터 내려오는 선한 것을 기대할 것이다. "나는 기뻐하리라. 그래, 하나님 아버지는 언제나 나에게서 그분의 얼굴을 숨기지 않을 것이기 때문이다."

이러한 애통의 계절이 아주 오래 지속될 때 그의 영혼은 그러한 상태에 푹 빠져들게 되고, 그리하여 자기에게 깊은 슬픔이 가득하다는 것과 무시무시하고 가슴이 찢어질 듯한 신음을 토해내는 모습을 보여주게 된다. 그와 동시에 그는 거룩한 순복, 어린아이처럼 하나님을 의지하는 모습, 하나님 안에서 갖는 확신과 소망을 오롯이 표현하게 된다. 만약 그가 오직 하나님밖에는 아무도 가까이에 없다고 생각하는 어떤 개인에게 귀 기울일 수 있다면 그곳을 떠나면서 이렇게 말할 것이다.

"이제 나는 내가 존재하는 것처럼 하나님과 교제하는 일이 실제로 일어난다는 걸 알아요. 오, 이것이 얼마나 놀라운 표현인지! 이것이 얼마나 놀라운 말인지! 하나님이 거기에 계신다는 걸 이제 난 알아요!"

내가 아직 회개하지 않은 죄인이었을 때 법률 관련 업무를 보고 학교로 돌아오는 길이었다. 그때 어떤 건물을 지나가다가 누군가 기도하는 소리를 들었다. 그 기도는 이전에 들었던 다른 어떤 것보다 믿음이라는 주제에 관하여 내 마음에 더 깊은 인상을 남겼다. 그러한 기도 소리를 들을 수 있어서, 그로 말미암아 기꺼이 자신을 성찰하려는 사람이라면 누구에게나 커다란 영향을 끼칠 것이라는 사실을 조금도 의심하지 않았다. 이 사람은 누군가 자기 기도 소리를 들을 수 있다는 사실을 전혀 눈치채지 못하고 있었다. 아마도 하던 일을 내려놓고 하나님과 은밀히 교제하기 위하여 학교 건물로 물러나 있었던 것 같다.

말을 타고 지나가다가 그 소리를 듣고는 그 자리에 가만히 멈춰서 기도 소리에 가만히 귀를 기울였다. 오, 그 소리가 얼마나 내 마음을 활활 타오르게 하였는지 모른다! 이전에는 한 번도 그런 기도 소리를 직접 들은 적이 없었다. 그것은 마치 하나님의 임재 안으로 깊이 들어가 있는 소리 같았다! 무슨 말로 기도하는지 이해하지 못했지만 바로 그 나지막한 목소리를 통해 마치 천상으로부터 내려오는 하나님의 음성 같은 것이 전해지는 것처럼 느껴졌다. 그가 내뱉는 한마디 한마디가 마음 깊은 곳에서 곧바로 터져 나오는 것 같았다. 그 목소리는 자주 신음과 한숨으로 말문이 막히는 것 같기도 했다. 하나님께 애타게 부르짖는 사람의 음성이었다!

이와 같은 마음 상태에 머물러 있을 때 무슨 이유로든 아무리 어둠 속에 빠져들어 가 있을지라도, 아무리 애통한 심정이라 할지라도 그는 행복을 얻기 위하여 하나님 이외의 다른 어떤 원천으로 고개를 돌리지는 않을 것이다. 하나님과 함께 너무 멀리 여행을 왔기에 행복을 찾아서 다른 곳으로 떠나지는 않을 것이다.

그는 이렇게 고백할 것이다.

"오, 하나님! 저는 행복을 찾아서 다른 곳으로 갈 수 없어요. 다른 곳으로 가지도 않을 거예요. 오, 하나님! 주님은 저에게 주님을 사랑하는 법을 가르쳐 주셨어요. 제 영혼을 다른 모든 것으로부터 젖을 떼게 하셔서 오직 주님만을 사랑할 수밖에 없게 만드셨어요. 그러니 이제 저의 전부이신 주님을 누가 저에게서 빼앗을 수 있을까요? 오, 하나님! 저는 오직 주 안에서 기쁨을 찾을 것입니다. 이전에는 절대 맛보지 못한 그런 기쁨을 누릴 것입니다."

이것이 무슨 경지인지 알겠는가? 만약 당신이 하나님께 완전히 몰입하기 위하여 그분께 자신의 모든 존재를 내드린다면 그것이 무엇인지 알게 될 것이다. 만약 그런 처지가 아니라면 당신은 그리스도와 함께 자신을 십자가에 못 박아서 죽여야 한다.

하나님 안에서 기쁨을 찾는 영혼이 그분 안에서 발견하는 행복은 다른 모든 기쁨과는 너무나 다르고 특별하다. 그것은 이 세상에서 맛보는 다른 어떤 행복과도 같지 않다. 그 기쁨과 비교할 때 다른 모든 기쁨은 전혀 아무것도 아니다. 그것은 너무나 특별하고 순수하여 거기에 비교할 수 있는 건 이 세상에 아무것도 없다.

그러나 모든 그리스도인이 하나님과 함께 누리는 그러한 완벽한 교제에 이를 때 맛보는 경험을 표현하기 위해서는 이 세상을 훨씬 뛰어넘는 어떤 초월적인 언어가 필요하다. 그는 하나님 안에서 너무나 고양된다. 바로 하나님이 마시는 강물을 마시게 된다. 여기에는 너무나 엄청난 특별함과 달콤함이 도사리고 있어서 우리 영혼은 다른 어떤 기쁨도 멀리하게 된다. 그것은 이 세상의 오염된 수원지로는 절대 들어갈 수 없다. 감히 무엇에다 그것을 비교할 수 있을까! 바로 그와 같은 천상의 분위기에 흠뻑 젖은 사람이 이 세상의 더러운 잔을 도대체 어떻게 마실 수 있겠는가? 절대로 그럴 수 없다! 오직 하나님 안에서 기쁨을 찾을 때라야 거기에서 조그만 기쁨이라도 찾을 수 있다. 그는 하나님에게서 오는 것 이외에는 다른 어떤 것에도 신경 쓰지 않는다.

　당신은 기도할 때 하나님 안에서 기쁨을 찾기 위한 이와 같은 조건을 확실히 충족시키도록 하라. 하나님과 더불어 만족하는 사람은 정말로 하나님께 만족할 뿐만 아니라 원하는 만큼 하나님을 많이 소유하게 될 것이다. 하나님 안에서 기쁨을 찾기 위하여 자기를 포기하는 정도에 비례하여 우리는 하나님 안에서 기쁨을 찾게 될 것이다. 온 우주를 찾아 헤매라. 그러면 우리 영혼이 하나님께 자신을 포기하는 정도에 비례해서 하나님 안에서 충만함을 경험하게 된다는 사실을 깨닫게 될 것이다. 만약 당신의 즐거움이 이리저리 나눠진다면 도대체 어떻게 하나님이 당신의 잔을 가득 채워줄 수 있겠는가? 자신과 다른 온갖 것으로 가득한 마음을 완벽히 깨끗이 비운 다음, 하나님께 이르기까지 텅 빈 정결한 마음을 올려드리라. 그러면 하나님이 그분의 순결함으로, 그분의 사랑과 축복으로 가득 채워주실 것이다. 그렇다. 당신은 하나님이라는 바닷물로 마음을 가득 채우게 될 것이다.

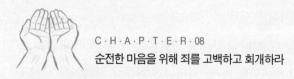

하나님이여 내 속에 정한 마음을 창조하시고 내 안에 정직한 영을 새롭게 하소서. 시편 51:10.

위의 말씀에서 '정직한'(right)이라고 표현된 용어는 난외주에 '한 결같은'(constant)이라는 부연 설명이 있는데 이것이 좀 더 정확한 의미인 것 같다. 유혹 앞에서 아주 형편없이 타락하고 마는 변덕스럽고 불안정한 상태와는 달리, 끝까지 변함없는, 흔들리지 않는, 확고부동한 영을 지금 나윗이 열렬한 기도를 통하여 바라고 추구했다.

마음(heart)과 영(spirit)이라는 용어는 성경에서 다양한 의미로 사용되고 있다. 마음이라는 용어는 흔히 의지나 의지의 자발적인 태도나 상태를 나타낸다. 때때로 마음은 육신에 반대되는 뜻으로 쓰이며, 육체와는 구분되는 것으로써 생각과는 동의어이기도 하다. 시편

51편 10절에서 마음과 영은 둘 다 총체적인 생각을 포함하여 가장 포괄적이고 일반적인 의미로, 자발적인 힘과 상태뿐만 아니라 다른 비자발적인 생각을 모두 포함한다. 여기서 사용된 용어에는 단순히 의지를 넘어서는 다른 힘이 포함된다. 왜냐하면 다윗의 의지는 이미 실질적으로 아주 올바른(정직한, 한결같은) 상태임이 명백하기 때문이다.

다윗은 자기 의지가 하나님과 상충된다고 생각하지 않았다. 다윗의 의지는 분명히 이처럼 간절하고 진실한 기도로 나아가고 있어서, 다윗의 모든 존재가 정결해져서 다시는 죄를 범하지 않는 상태에 놓일 것이기 때문이다. 다윗의 의지가 하나님 앞에 올바르다(정직하다, 한결같다)는 것은 이 시편의 표면에 잘 드러나 있다. 따라서 다윗은 단순히 의지의 올바른 상태를 넘어서는, 자신이 깨끗한 마음과 정직한 영이라고 부르는 것을 달라며 기도하고 있다. 이는 한 사람의 의지가 하나님께 복종하고 겸손해지며 굴복하고 순종적으로 바뀌면서 기도하는 가운데 지혜롭게 추구할 수 있다.

물론 이 시편에서 사용된 것처럼 깨끗한 마음과 정직한 영은 모든 마음과 생각의 철저한 정화나 성화를 의미한다. 정직한 영을 갖는다는 것은 온갖 상상, 생각, 소원, 감정 등에 대한 단속과 정화를 포함한다. 여기에는 온갖 형태로 변화된 인지 능력이 포함될 뿐만 아니라 너무나 자주 우리 영혼을 위험하게 만드는 함정으로 작용하는 온갖 사고 습관과 감정 습관이 고스란히 포함된다. 이러한 것은 성경에서 자주 육신적이라고 이야기한다.

"사랑하는 자들아 거류민과 나그네 같은 너희를 권하노니 영혼을 거슬러 싸우는 육체의 정욕을 제어하라"(벧전 2:11).

다윗은 분명히 이렇게 기도하고 있다. 곧 하나님이 그분의 전지하신 눈으로 보았을 때 다윗 자신을 정결하게 만들어 영원히 모든 죄악으로부터 순결하게 지켜내는 데 필요한 모든 조치를 취해 달라고 간청하고 있다. 다윗은 자신의 존재를 가능하게 하는 모든 능력과 상태를 총체적으로 정직하게 만들어 달라고 기도하고 있다.

하나님이 응답할만한
기도를 드리라

이 기도는 반드시 똑똑하게 드려져야 한다. 기도하는 사람은 자신에게 무엇이 필요한지 분명히 이해해야 하며, 그에 관한 실제적이고 정확한 견해를 가지고 있어야 한다. 이것이 없다면 아무런 실제석인 기도를 드릴 수 없다.

먼저 죄를 깊이 고백하고 회개하라.

이와 같은 기도를 드리는 사람은 과거에 지은 죄를 깊이 뉘우쳐야 한다. 성령이 죄를 깨닫게 하지 않는 사람은 이 말의 의미를 알지 못할 것이다. 실제로 성령이 조명하시고 죄를 각성시키지 않는다면 죄인은 영적인 본성과 관련하여 어떤 개념도 깨달을 수 없다. 그러므로 죄인은 죄의 본성을 철저히 이해하기 위하여 죄를 깊이 자각할 필요가 있다. 그런 다음에는 자기 필요를 올바로 깨닫고 이를 깊이 각성할 필요가 있다. 이와 같은 깊은 각성은 자신의 죄와 죄책감에 관한 정확한 이해를 바탕으로 깨끗한 마음을 얻기 위해 받으실 만한 기도를 드리는 데 있어서 본질적이다.

또한 기도는 하나님께 죄를 고백한다는 뜻이다. 이 말의 의미는 단지 하나님 앞에서 우리의 죄를 인정한다고 말하는 데서 그치는 게 아니라 하나님을 대적하여 저지른 죄악을 낱낱이 고백한다는 뜻이다. 우리는 다윗이 입으로 고백한 말이 얼마나 놀라운 힘을 가졌는지, 얼마나 절절히 자신에게 적용한 것인지를 깊이 깨달아야 한다.

"내가 주께만 범죄하여 주의 목전에 악을 행하였사오니 주께서 말씀하실 때에 의로우시다 하고 주께서 심판하실 때에 순전하시다 하리이다"(시 51:4).

어떤 사람에게는 죄를 고백하는 것이 아주 쉽고 값싼 일인지도 모른다. 그러나 하나님과 관련하여 죄의 본성을 진정으로 이해하고, 이러한 관점에서 죄악이 얼마나 지긋지긋하고 가증스러운 일인지 깨닫는 것은 단순히 입으로 고백하는 것보다 훨씬 더 깊은 의미를 담고 있다. 그렇기에 탄원하는 사람은 죄에 대해 이러한 관점으로 깊이 들어가야 한다. 하나님을 대적한 엄청난 죄로 말미암아 영원히 하나님의 진노를 당해야 마땅하기에, 그렇지 않으면 깨끗한 마음과 정직한 영을 달라는 이와 같은 간절한 기도 속으로 자신의 모든 영혼을 던져 넣을 수 없기 때문이다.

죄의 유혹을 극복하라.

누구나 유혹으로 떨어질 위험성이 있다는 사실에 관한 깊은 이해도 있어야 한다. 깨끗한 마음과 정직한 영을 달라고 기도하는 다윗이 여기서 상당히 대중적인 언어를 사용했다는 점은 명백한 사실이다. 그런 말을 사용하여 다윗은 커다란 죄악을 저지르게 했던 자신의 체질과 습관으로 자리 잡은 것을 정확히 언급했다.

이것은 우리의 의지가 올바로 정해지고, 하나님께 모든 존재를 성별하여 드리기 위해 우리가 할 수 있는 모든 일을 다 한 후에도, 가끔 여전히 죄를 짓는 경우가 발생할뿐더러 죄악이 여전히 굉장한 힘을 발휘한다는 사실을 말해준다.

이것은 우리의 여러 가지 정신적인 연합, 우리 마음과 몸의 여러 상태와 습관이 죄짓는 삶을 반복하는 동안 서로 끊임없이 연관되어 있어서, 회심 이후에도 계속하여 적극적으로 죄에게 기회를 제공한다는 것을 말해준다.

이것은 다윗의 경우에서 생생하게 예증된다. 다윗의 상상력은 너무나 통제되지 않은 채로 남아 있었으며, 다윗의 열정은 너무나 억제되지 않고 성화되지 않은 상태로 남아 있어서 죄를 짓는 기회와 유혹에 적극적으로 관여하기를 도저히 멈출 수가 없었다. 다윗은 정욕과 욕망을 제멋대로 하도록 그냥 내버려 두어, 그러한 방종과 탐닉이 너무나 커진 나머지 비록 다윗의 의지는 하나님께 회심하였을지라도 여전히 온갖 유혹에 압도당할 수밖에 없었을 것이다. 모든 그리스도인은 이러한 유혹의 존재와 권세를 너무나 잘 알고 있다. 또한 이러한 욕구, 감정, 열정, 상상력, 습관 등이 마치 실제로 정결하지 못한 것처럼 우리 마음속에 강한 혐오감을 심어주기도 한다는 사실을 충분히 의식하고 있을 것이다.

성경에서는 '죄의 활동'에 관하여 "우리가 육신에 있을 때에는 율법으로 말미암는 죄의 정욕이 우리 지체 중에 역사하여 우리로 사망을 위하여 열매를 맺게 하였더니"(롬 7:5)라고 말하고 있다. 이 말씀은 죄짓는 것과 관련하여 통속적인 언어를 사용하는 우리의 지체를 언급하는 것처럼 보인다. 다윗처럼 타락한 감정과 탐닉에 빠진 열정의 다스림을 어떻게든 경험해본 사람이라면 누구든지 자기 마음속에서 발동하는 것들을 무시한 채로 이 시편을 읽을 수는 없을 것이다.

자신이 저지른 엄청난 죄를 깊이 자각하면서 다윗의 마음은 그토록 두려운 권세로부터, 곧 자기 영혼을 너무나 비참할 정도로 덫에 걸려서 넘어지게 할 뿐만 아니라 하나님을 욕되게 하는 온갖 욕망, 습관, 지저분한 상상으로 나타나는 다양한 경향과 기질로부터 가만히 돌아서서 이렇게 큰소리로 부르짖는 것이다.

"하나님이여 주의 인자를 따라 내게 은혜를 베푸시며 주의 많은 긍휼을 따라 내 죄악을 지워주소서. 나의 죄악을 말갛게 씻으시며 나의 죄를 깨끗이 제하소서"(시 51:1-2).

그러므로 이 기도는 가끔 죄를 짓게 하는 것에 대한 명확한 이해를 내포하고 있으며, 특히 죄에 대한 완전한 정복과 정화를 위한 간절한 요청과 호소를 포함하고 있다.

이와 관련해서 귀용 부인은 자기 안에서 벌어지는 엄청난 일에 관하여 언급하면서 자기 상상력은 굉장히 오염되었지만, 성화의 은혜를 통하여 마침내 거룩한 의지의 능력 아래로 너무나 강하게 이끌려왔기에 이제 더는 예전처럼 충돌과 갈등의 근원이 되지 않았다고 고백했다. 그러므로 그리스도인도 제멋대로인 마음 상태와 육신적인 기질을 올바로 교정하는 과정이 도덕적인 정화로 나아가는 중요한 작업임을 명심해야 한다.

하나님이 충분히 받으실 만한 이와 같은 기도에는 가끔 저지르는 이러한 죄악에 대한 강한 혐오감과 깊은 두려움이 내재되어 있어야 한다. 예를 들어 오염된 상상력을 가진 어떤 사람에 대해 한번 생각해보자. 만약 그가 그리스도인이라면 당연히 이처럼 엄청난 자기 혐오의 대상을 충분히 알아차리지 않겠는가? 자신에 대해 깊은 수치심을 느끼면서 그가 이러한 온갖 지저분한 생각과 상상의 공해들을 모조리 토해낼 수 있다면, 드디어 자신에게 안도감을 느끼면서 새롭고 순결한 피조물이 된 것처럼 느끼게 될 것이다. 왜냐하면 비록 이런 상상력이 그 자체로 죄가 아니고 직접 자발적인 마음 상태로 연결되지는 않더라도, 그건 흔히 가장 역겹고 매스꺼운 죄의 원인으로 작용하여 결과적으로 새로워진 마음속에서 엄청난 갈등을 일으키는 원인으로 작용하기 때문이다. 그러니까 이러한 측면에서 우리는 그런 강한 욕망을 정결하게 해야 한다.

하나님께 기꺼이 도움을 구하라.

하나님이 들으실 만한 우리의 기도에는 죄의 습관을 정복하기 위하여 하나님께 의존하는 것에 대한 이해가 포함된다. 스스로 죄의 습관을 다스리려고 애쓰는 모든 사람은 자신의 연약함을 깨달을 수밖에 없다. 그러나 일반적으로 이렇게 죄를 저지르는 경향성을 극복하려 노력하는 과정에서 여러 가지를 경험한 이후에야 비로소 우리의 연약함과 의존성을 깨닫는다. 얼마나 자주 그리스도인들이 죄에 온갖 유혹과 기회를 제공하는 모든 상황을 극복하기 위하여 부질없이 싸우다가 깊은 고뇌에 빠지게 되는가!

이처럼 고통스럽고 값비싼 대가를 치르고 맛보는 경험이 어떤 사람이든 철저히 하나님을 의존해야 한다는 사실을 가르쳐준다. 그리고 그때라야 비로소 그는 자신을 위하여 도덕적인 정화라는 거대한 작업을 시작하시도록 하나님께 진심으로 요청할 수 있게 된다. 이처럼 경험으로부터 배우는 가르침이 없다면 설복하는 기도를 하면서 어떤 사람이 진실해지고 진심으로 간절해지는 모습을 거의 기대할 수 없을 것이다. 모든 그리스도인은 온갖 의심과 주저하는 마음을 뛰어넘어 하나님의 도우심이 필요하고, 그것 없이는 아무것도 할 수 없다.

하나님을 설복하는 기도에는 이와 같은 정화작업을 얼마든지 하실 수 있는 하나님의 능력에 대한 확신이 내포되어 있다. 나는 지금 여기서 단지 그리스도인이라 고백하는 사람들에 대해서 집단으로 언급하고 있을 뿐이다. 왜냐하면 다윗도 그랬던 것처럼 완전한 도덕적인 정화작업이 이생에서 일어나게 하려고 어떤 사람은 전혀 다른 관점을 가지고 기도하기 때문이다. 다윗이 이와 같은 정화작업을 진행하는 과정에서 죽음을 달라고 기도하거나 그렇게 기대했다는 증거는 이 시편 말씀에는 없다. 그런 일이 일어난 이후에도, 기도 응답으로 자기 마음이 깨끗해진 이후에는 어떻게 할 것인지를 하나님께 아뢰고 있다.

"그리하면 내가 범죄자에게 주의 도를 가르치리니 죄인들이 주께 돌아오리이다"(시 51:13).

그러나 이 마지막 시대에 대다수의 그리스도인은 이와 같은 정화작업을 하기 위해서는 죽음에 이를 때까지 이러한 지긋지긋한 것들을 어깨에 짊어지고 가야 한다고 예상한다. 만약 이것이 실제로 하나님이 허락하시는 상황이라면 이는 어떤 그리스도인에게든 굉장히 엄중한 상황일 것이다.

어떤 다른 사람들은 온갖 성향을, 이러한 기질들을 억누르는 건 자신을 완전히 망가뜨리는 일이나 다름없다고 생각해왔다. 그러나 이것은 커다란 잘못이다. 전 존재가 깨끗해질 수 있도록 기도했던 다윗도 자기 상상력을 모두 다 상실한다고 예상하지도, 실제로 마음이나 몸의 어떤 다른 기능들이 완전히 파괴된다고 생각하지도 않았기 때문이다. 마치 하나님이 본질적으로 악한 몇몇 기능을 창조해 놓았기 때문에 도덕적으로 순수해지기 위해서는 그런 체계를 철저히 제거해야 하는 것처럼 생각하지는 않았다. 다윗은 그와 같은 개념을 생각하거나 그런 생각을 품고서 기도하지도 않았다. 그와 반대로 다윗은 하나님께 자신의 모든 존재가 거듭나게 해달라고 기도했다. 그리하여 성화된 의지로 말미암아 올바른 행동을 촉진하고, 혼란스럽게 하지 않을 때까지 자기 존재를 샅샅이 살피며, 다시 고쳐서 순수하고 정돈된 상태로 빚어달라고 기도하였다.

이런 다윗의 기도에는 하나님이 응답하실 수 있을 뿐만 아니라 기꺼이 거기에 응답하실 것이라는 확신이 포함되어 있다. 더구나 그것은 하나님의 도덕적인 통치에 기초한 계획과 목적에 따른 것이라는 확신이 내포되어 있다. 만약 하나님이 그렇게 하실 수는 있지만 우리가 이 세상에서 살아가는 어떤 환경 아래서 그런 일을 할만한 목적, 계획, 의지가 하나님께 없다고 믿었다면 다윗이 이렇게 기도한 것은 신성모독에 지나지 않았을 것이다.

주의 깊게 살펴보라! 만약 다윗이 이 세상에 사는 동안 깨끗한 마음을 허락할 의사나 의지가 하나님께 없다고 믿었다면 다윗의 이런 기도가 경건하다고 할 수 있겠는가? 그건 마치 "주님, 저는 이 세상에서 주님의 자녀에게 정결한 마음을 허락하실 마음이나 의사가 주님에게 없다는 것을 잘 알고 있답니다. 그러나 주님, 우리는 이 축복을 받기를 원해요. 그것도 지금 받고 싶어요. 그 축복을 부인할 수 없어요! 아무리 주님의 목적이 이 축복을 허락하시는 것과 반대일지라도 우리는 그걸 원해요." 하나님을 시험하려 하지 않고서는 다윗이 이런 기도를 올려드릴 수 없었을 것이다. 그러므로 다윗은 기도를 통하여 간절히 찾을 때 축복을 베푸시는 하나님의 통치와 계획에 따라 기도하고 있다고 분명히 믿었을 것이다.

나는 시편 51편 10절에서 의미하는 것처럼 하나님이 모든 경우마다 그리스도인들을 순수한 삶으로, 깨끗한 마음으로 인도하실 의사가 있는지 굉장히 불확실하다고 생각하는 사람을 많이 만나보았다. 결과적으로 이러한 축복을 간구한 적이 있으면서도 그들은 확실히 믿지 못하였으며 하나님께 전적으로 자신을 내맡길 수 없었다. 하나님이 그렇게 하실 수 있다고 알기는 했지만 하나님이 기꺼이 그렇게 하실 것으로 믿지는 못했다. 그리하여 크게 고민하면서 강한 확신을 할 수 없었으며, 기도하는 중에도 어린아이 같은 신뢰를 보여줄 수가 없었다.

그런데 다윗은 그렇지 않았다. 다윗은 하나님이 그렇게 하실 수 있을 뿐만 아니라 기꺼이 그렇게 하실 것이라고 믿었다. 그것이 무엇이라고 생각하든지 간에 자신이 요구하는 바로 그것을 하나님이 기꺼이 행하신다고 믿었다. 다윗은 기도 중에 간청한 바로 그것을 하나님이 아주 기꺼이 실행하신다고 흔들림 없이 확신했다.

하나님께 온전히 순복하라.

하나님이 우리 안에 정결한 마음을 창조해 달라는 진지한 기도는 우리 편에서 기꺼이 그 일이 이루어지게 하겠다는 의지가 내포되어 있다. 사람은 흔히 무슨 일이 이루어져야 한다는 강한 소원을 가지고 있지만 정말로 그것이 이루어지도록 하겠다는 기꺼운 마음이 없는 경우가 많다. 어떤 치아가 굉장히 아프다고 치자. 그러면 사람들은 그 치아를 뽑아야 한다는 사실을 잘 알고 있다. 아, 지금 당장이라도 얼마나 그 치아를 뽑아내고 싶겠는가! 그런데 사람들이 실제로 기꺼이 그렇게 하는가? 이것이 바로 임계지점이다. 이 문제에서 사람들은 강하게 바라기는 하지만 기꺼이 행동으로 옮기는 데까지 나아가지는 못한다. 흔히 정결한 마음을 바라고 기도하는 것과 관련해서도 이와 마찬가지다. 사람들은 순결한 마음을 갖고 싶다고 생각한다. 그러나 이 안에 내포된 의미를 속속들이 파악하게 되면 뒤로 물러서서 이렇게 말한다. "아, 아니요! 저는 그 모든 결과를 기꺼이 받아들일 수 없어요."

나도 이 같은 경우를 관찰한 적이 있다. 어떤 젊은 여인이 기꺼이 그리스도인이 되고 싶다고 말하기에 정말로 정직하게 그렇게 생각하는 줄 알았다. 그래서 한 번씩 당신은 정말로 기꺼이 그리스도인이 되고 싶어 하지 않는다고 넌지시 떠보았지만 그럴 때마다 항상 내 태도와 주장에 강하게 반발했다. 궁극적으로 자신에게 매우 큰 영향을 끼친 설교를 듣고서 이제 더는 죄악 가운데 살지 않겠노라고 결단하기에 이르렀다. 그리하여 깊고 간절한 태도로 자기 생각을 하나님께로 돌이켰으며 자신의 모든 죄악을 제거해 달라고 하나님께 간구하기 시작했다. 그러나 갑자기 이 일에 너무 깊숙이 발을 들여놓았다는 생각이 들자, 곧 뒤로 물러서서 지금까지 간구한 모든 것을 철회하고 말았다. 그리고는 무릎 꿇던 자세에서 벌떡 일어나 예전의 자기 길로 가버렸다. 그 정도로 신실한 그리스도인이 되고 싶지는 않다는 마음을 자기 안에서 발견했다.

스스로 그리스도인이라고 고백하는 사람에게서 이런 일은 너무나 자주 일어난다. 정결한 마음에 내포된 의미를 모두 파악하고 나면 곧바로 돌아선다. 전반적인 문제를 올바로 파악하자마자 그러한 결과에 올바로 직면하지 못하고 뒤로 물러서게 되는 것이다.

그러므로 우리는 이렇게 받으실 만한 기도를 올려드린다는 것은 우리가 기꺼이 이 모든 일이 이루어지기를 원한다는 의미를 함축하고 있다는 사실을 깨달아야 한다. 우리는 육이나 영의 온갖 체질적인 욕구, 열정, 기질과 기능 등이 올바른 이성의 통제와 더불어 하나님의 계시된 뜻의 통제 아래 완벽하게 도달하도록 기꺼이 그것들을 교정하려고 해야 한다. 우리는 하나님의 성령이 우리 안에 머물러 계시기에 그에 합당한 성전으로 기꺼이 자기 몸을 내드려야 한다.

그러니까 우리의 전반적인 본성에 따른 모든 기능이나 기질이 거룩한 마음과 조화를 이루고 있도록 해야 하며, 천사 같은 순결함을 더럽히지 않는 상태를 유지하도록 해야 한다. 마치 천사의 영이 우리의 몸에 거하여 모든 신체 기관을 움직이는 것처럼 말이다. 이처럼 받으실 만한 기도는 하나님이 자기 일을 자신의 방법으로 행하시도록 기꺼이 우리를 내드린다는 의미를 내포하고 있다.

사람은 흔히 자기가 어떤 일을 마무리하기를 원하는 방식으로 하나님께 명령하고 지시하려고 한다. 마치 "하나님이 제 우상을 건드리지 않는 조건으로 이 일이 이루어지기를 기뻐하시면 좋겠습니다. 하나님이여, 제가 좋아하는 이 하나만 제외하고 나머지 제 모든 욕구를 성결하게 하셔서 훤히 밝아진 이성의 법 아래로 모두 가져오게 하소서. 단 이것 하나만은 너그럽게 넘어가주소서. 그것은 제가 유달리 좋아할 뿐만 아니라 아주 오랫동안 저에게 큰 기쁨을 주었습니다!"라고 당부하는 것처럼 사람들은 어떤 단서와 제한을 내걸려고 한다.

또는 아무런 단서나 예외 조항 없이 올바로 기도한다면 하나님이 정말 절대적으로 깨끗한 마음과 매우 정직한 영을 허락하셔서, 그 기도가 응답됨으로써 자기가 사랑하는 소중한 것들 가운데 일부를 빼앗기지 않을까 걱정하고 두려워한다.

언젠가 한 여인이 나에게 다가와 이렇게 말했다.

"하나님이 제 남편을 데려갈까 봐 감히 성화로 나아가게 해달라고 기도하지 못하겠어요!"

"그런데 왜 그런 두려움이 있지요?"

"제 마음이 남편에게 너무나 강하게 밀착되어 있다는 걸 잘 알고 있기에 하나님이 제 마음으로부터 남편을 떼어놓지 않고서는 저를 성화시키지 못할까 봐 정말 두려워요."

물론 당연히 이 여인은 "하나님이여, 내 안에 정한 마음을 창조하시고 내 안에 정직한 영을 새롭게 하소서"라고 기도할 수 없었다. 이 기도에는 하나님이 보시기에 꼭 필요하다고 생각하는 것들은 무엇이든지 기꺼이 희생하겠다는 의미가 담겨 있기 때문이다. 하나님의 눈에 필요해 보이는 온갖 외적인 훈련과 더불어 갖가지 내적인 훈련에도 기꺼이 순복하겠다는 의미가 내포되어 있기 때문이다.

그러므로 우리는 어떤 일이 이루어지는 시간과 방식을 비롯하여 모든 환경에 관해서도 그 일을 이루시는 하나님의 자유와 결정권에 자신을 내드려야 한다. 하나님이 무한한 지혜를 사용하시도록 아주 전적으로 자유롭게 동의해야 한다. 하나님이 최선이라고 생각하시는 대로 밀고 나아가시도록 내드려야 한다. 하나님이 지혜로 선택하시고 사랑으로 요구하시는 어떤 희생도 감내하며 어떤 대가도 감수하도록 하나님의 손에 우리 영혼을 온전히 올려드려야 한다. 그러한 하나님 아버지로부터 아주 터무니없고 냉혹한 대접을 당하리라고 미리 두려워하지 말고 말이다.

그러나 그리스도인들은 얼마나 자주 하나님이 들어오셔야 할 구획선을 자기 멋대로 그어놓는단 말인가! 사람들은 아주 상냥하게 자신을 대하도록 하나님께 단단히 주의시킨다. 특히 너무 거칠게 섭리의 지팡이를 휘두르지 않도록 조심시킨다. 만약 주님이 전기충격요법을 사용하셔서 순간적으로 각 사람의 영혼을 순결하고 거룩하게 뒤흔든다면 아주 적절하다고 생각했을 것이다. 이처럼 사람은 단번에 어떤 급작스럽고 순수한 영적인 작용이 뿅 하고 일어나기를 꿈꾸고 있으며, 어떤 형태로든 오랫동안 쓰라린 시험을 거치기보다는 깨끗한 마음이 순간적으로 임하기를 더 좋아한다.

또한 사람은 자신이 집착하는 특정한 대상이 존재한다는 사실조차 깨닫지 못한다. 하나님은 우리가 그렇게 애착을 보이는 대상을 사로잡지 않고서는 우리를 고칠 수 없기에, 우리 마음을 이기적이고 우상 숭배적인 사랑에다 묶어두는 온갖 종류의 연결고리를 뿌리째 뽑아버리려고 하신다. 그러므로 모든 그리스도인은 우리 안에 깨끗한 마음을 창조해 달라고 하나님께 진실하게 기도하는 것이란, 어떤 경우에도 하나님의 다스리심에 전적으로 순복하는 것을 포함한다는 사실을 깊이 명심해야 한다. 하나님이 철저한 치료를 위하여 필요하다고 생각하는 칼날, 또는 그것이 무엇이든 마음껏 우리에게 사용하시도록 전폭적으로 내드려야 한다.

기꺼이 대가를 지불하라.

하나님이 충분히 받으실 만한 기도에는 그 일이 이루어지기를 바라는 기꺼운 마음뿐만 아니라 그 뒤에 자연스럽게 따라오는 대가가 무엇이든지 간에 그것을 감수하려는 마음의 자세도 포함되어야 한다. 만약 깨끗한 마음의 선물에 새로운 관계와 새로운 임무가 포함된다면 우리는 유쾌한 태도로 이를 충족시켜야 한다. 게다가 그러한 것들을 생각하면서 결코 움츠러들어서는 안 된다. 만약 그렇게 뒤로 물러난다면 깨끗한 마음을 선물로 받을 수 없을 것이다. 이것은 분명히 하나님이 그분의 이름을 영화롭게 하려고 축복하시는 사람에게 주시는 책무이다.

그러므로 우리는 마치 나병환자처럼 구원의 감격스러운 은혜를 공개적으로 증언하기 위하여 성전 안으로 뛰어 들어가야 한다. 그리고 다윗처럼 사람들에게 이렇게 고백해야 한다.

"내가 주의 공의를 내 심중에 숨기지 아니하고 주의 성실과 구원을 선포하였으며 내가 주의 인자와 진리를 많은 회중 가운데에서 감추지 아니하였나이다"(시 40:10).

심지어 그보다 훨씬 전에 이렇게 고백해야 한다.

"하나님이여 나의 구원의 하나님이여 피 흘린 죄에서 나를 건지소서. 내 혀가 주의 의를 높이 노래하리이다. 주여 내 입술을 열어주소서. 내 입이 주를 찬송하여 전파하리이다"(시 51:14-15).

만약 당연한 결과로써 야기되는 책망이나 비난받지 않고 그 모든 것을 성취할 수 있다면 아마도 수많은 사람이 아주 기꺼이 신앙을 가지려고 할 것이다. 그에 수반되는 망신을 전혀 당하지 않거나 자기 명성에 아무런 희생을 당하지 않고 축복을 누릴 수 있다면 성화로 나아가도록 자신을 내드리는 일에 행복을 느낄 수도 있을 것이다. 만약 아무도 자신에 대하여 수군거리지 않는다면, 만약 아무도 자신의 품행과 영적 상태를 이전보다 더 세밀하게 살펴보지 않는다면 말이다.

그러나 자기 평판을 위하여 감행하는 그러한 온갖 타협안은 결국 헛되어 파멸을 초래한다. 당신은 기꺼이 하나님의 제단 위에 자기 자신을 올려드려야 한다. 다시 말하건대 당신의 모든 것을 내어놓아야 한다. 필요하다면 명성, 이름, 여가, 재산 등도 기꺼이 내려놓아야 한다. 하나님의 섭리에 따른 요청이라면 개인적인 자유도 모두 내드려야 한다. 심지어 당신의 생명까지도 맡겨드려야 한다. 뚜벅뚜벅 흔들리지 않는 굳건한 발걸음으로 나아가 모든 것을 하나님의 제단 위에 올려놓아야 한다. 그런 다음에는 하나님이 원하시는 대로 그 제물을 처리하도록 내드려야 한다. 그러고는 이렇게 고백해야 한다. 모든 것을 잃어버릴지도 모른다는 두려움에서든 아니면 실제로 그럴 위험에 직면해 있든 간에 상관없이 말이다.

"오, 나의 하나님! 이 모든 것이 다 주의 것입니다. 주님이 기뻐하시는 대로 이 모든 것에게 행하소서. 저에게 아무것도 남기지 마시고 주님이 기뻐하시는 대로 취하소서. 저는 주님의 지혜와 절대 무한한 사랑을 신뢰하나이다."

자, 이제 우리는 모든 그리스도인에게 깨끗한 마음과 정직한 영의 선물은 다음과 같은 여건이 형성될 때까지는 절대 하나님으로부터 임하지 않는다는 사실을 분명히 알고 있어야 한다. 곧 우리가 그것을 합법적인 결과로 기꺼이 받아들일 때까지, 그 결과를 위대하신 하나님 아버지의 지혜라고 기꺼이 신뢰할 수 있을 때까지 말이다. 당신은 천사와 사람들이 기꺼이 볼만한 구경거리가 되어야 한다. 왜냐하면 하나님은 절대 등불을 켜서 등경 아래 감추어 놓지 않으시기 때문이다.

당신은 그런 축복을 얻기 위하여 수백 번 이상 부르짖는 소리를 올려드려야 할지도 모른다. 그런데도 여전히 다음과 같은 질문이 돌아올 것이다. "너는 하나님께 영광을 돌릴 것이냐? 네 빛을 빛나게 할 것이냐? 만약 그것이 너에게 허락된다면 복되신 수여자에게 영광을 돌릴 수 있도록 그 선물을 활용하기 위하여 네가 할 수 있는 모든 일을 기꺼이 감당하겠느냐?" 하나님은 이렇게 물으신다. "너는 기꺼이 내가 너를 용광로 속에다 집어넣도록 하겠느냐? 7배나 맹렬한 불길이 타오르는 불길 속으로 집어넣어도 되겠느냐? 이 상황에서 과연 은혜가 무엇을 할 수 있는지 온 세상이 지켜보도록 하겠느냐?" 만약 하나님이 오직 당신만을 위하여 그런 식으로 성화의 자비를 베푸시는 일을 한다고 생각한다면 그것은 완전한 착각이다.

"그러므로 너는 이스라엘 족속에게 이르기를 주 여호와께서 이같이 말씀하시기를 이스라엘 족속아 내가 이렇게 행함은 너희를 위함이 아니요 너희가 들어간 그 여러 나라에서 더럽힌 나의 거룩한 이름을 위함이라"(겔 36:22).

하나님이 우리에게 보내시는 온갖 시험을 기꺼이 직면하고 감당해야 한다는 사실을 잘 이해하도록 하라. 당신은 각종 시험을 예상해야 한다. 이것은 아마 당신을 통하여 다른 사람들의 경각심을 불러일으키려는 시험일 것이다. 아마도 하나님은 당신에게 허락하는 축복을 통하여 다른 사람에게 간절히 유익을 끼치고 싶어 하실 것이다. 그렇게 하신다고 해서 여기에 반항해야 하겠는가? 아마도 하나님은 자신을 영화롭게 하려고 하실 것이다. 그렇게 하신다고 해서 뒤로 물러서야 하겠는가? 절대 그렇지 않다! 그것은 오히려 안팎으로 환난을 당하는 중에도 하나님께 영광을 돌리는 의무를 감당시킬지도 모른다.

그러나 그것은 고통을 감내함으로써 하늘에 계신 우리 하나님 아버지를 영화롭게 하는 순응적인 도구로 자신을 내드리는 경우조차도 달콤한 경험이 될 것이다. 그로 말미암아 하나님의 은혜가 훨씬 더 밝게 빛난다면 불타오르는 시험이 얼마든지 당신에게 다가오도록 하라. 하나님의 백성을 거룩하게 하는 것이 우리 하나님의 방식이며, 하나님의 부요한 은혜는 고통의 용광로에서 가장 영광스럽게 빛날 것이다.

✳ ✳ ✳ ✳ ✳

우선 앞에서 내가 이미 실질적으로 말했던 것을 다시 언급하려

한다. 즉 다윗에게 현재 삶을 성화시키고 싶다는 의도가 있었다는 사실을 되풀이하려고 한다. 시편 51편 10장의 본문 말씀과 같은 기도를 드렸던 당시에 다윗의 뜻은 이미 정직했지만 다윗은 자신에 대하여 정직하지 않은 다른 것들을 가지고 있었다.

하지만 다윗의 영혼은 그것을 바로잡는 일에 마음을 고정하고 있었다. 다윗의 추악한 상상력은 조정되어야 했다. 다윗의 정욕은 정복되고 근절되어야 했다. 그리하여 유혹당하여 지속해서 죄에 빠져들지 말아야겠다는 단호한 어조로 온전한 사람이 되기를 원했다. 이 모든 것은 바로 다윗의 현재 삶에 필요한 축복이었다. 비록 그 이전에도 필요했을지 모르지만 말이다. 게다가 다윗은 그 이전에도 받을지 모르는 축복을 위하여 기도했다. 다윗은 분명히 그 이전에도 그런 축복을 받으리라고 기대하였다.

많은 사람이 의미를 제대로 이해하지 못한 채 자주 이와 같은 기도의 언어를 사용하는 버릇이 있다. 결과적으로 그들의 기도는 특별한 응답을 받지 못한다. 실제로 기도하면서 그것이 무슨 의미인지 알지 못한다면 당연히 어떤 사람도 구체적인 기도 응답을 기대해서는 안 된다. 어떤 대상에 대하여 상당히 명료한 마음으로 이해하지 못한다면 그 대상을 향해 이성적인 소망을 품는 것이 불가능해진다.

아직도 많은 사람이 받으실 만한 기도를 드리기 위한 조건을 충분히 충족시키지 못하고 있다. 그들에게는 하나님에 대해 꼭 필요한 확신이 부족하다. 믿음으로 구하지 않는 것은 받을 수 없다. 왜냐하면 자기 명예를 실추시키지 않으면서 사람들을 축복하는 하나님의 능력을 초월하는 자리를 그러한 불신앙이 차지하기 때문이다.

성경 기자에 견줄 만한 마음 상태에 이르지 못한다면 성경에 기록된 기도를 제대로 이해할 수 없다. 다윗의 기도에 관하여 내가 의도하는 바는 사람들이 다윗처럼 죄짓지 않고서는 시편 51편 10절에 나오는 기도를 도무지 이해할 수 없다는 뜻이 아니다. 오히려 그러한 죄를 저지르지 않도록 자신을 잘 살펴야 한다는 것이다. 다윗이 그랬던 것처럼 우리도 굉장히 겸손하고 깊게 회개해야 하며, 다윗과 마찬가지로 철저한 자기혐오로 가득 차 있어야 한다는 뜻이다. 그러한 마음 상태야말로 이 약속에 대해 충분하고 소중한 의미를 깨닫게 한다. 그리하여 겸손한 영혼 이외에는 누구도 쉽게 감지할 수 없는 그러한 광채와 영광이 빛나는 매력을 뿜어내게 된다.

하지만 어떤 유혹이 실제로 다가오기 전에 우리 마음이 넘어지기 쉽다는 사실을 알아차리는 것은 매우 어렵다. 아마 다윗도 죄짓기 전에는 자신에게 다가오는 엄청난 위험 요소를 제대로 눈치채지 못했을 것이다. 다윗은 죄짓는 기회가 실제로 얼마나 강력하게 다가오는지 거의 알아차리지 못했다. 어떤 환경에서 그런 무시무시한 죄에 관련될 수 있을지 다윗은 전혀 감지하지 못했다. 그래서 처음에는 유혹에서 간음으로, 그다음에는 가장 비열한 형태의 배신과 살인으로 이어졌다. 죄짓기 이전의 다윗이 이와 같은 죄에 끔찍할 정도로 연약한 자기 모습을 제대로 이해하고 있었겠는가?

그러므로 이처럼 끔찍한 죄의 경향성과 기회가 자기 안에서 서서히 자라나고 있었을 때 다윗이 얼마나 놀랐겠는가! 그 이후로는 자기 영혼의 깊은 번뇌 속에서 얼마나 울부짖었겠는가!

"주의 얼굴을 내 죄에서 돌이키시고 내 모든 죄악을 지워주소서. 하나님이여 내 속에 정한 마음을 창조하시고 내 안에 정직한 영을 새롭게 하소서. 나를 주 앞에서 쫓아내지 마시며 주의 성령을 내게서 거두지 마소서. 주의 구원의 즐거움을 내게 회복시켜 주시고 자원하는 심령을 주사 나를 붙드소서. …하나님이여 나의 구원의 하나님이여 피 흘린 죄에서 나를 건지소서"(시 51:9-14).

그와 마찬가지로 모든 그리스도인도 자기 기도가 다윗의 기도처럼 영혼의 깊은 번민에서 나오는 기도가 되지 않도록 자기 성품 가운데 이러한 어둡고 두려운 영역이 자리 잡고 있지는 않은지 늘 주의 깊게 살펴야 한다.

그리스도인이 정직한 뜻을 품고 있어서, 물론 그와 같은 측면에서 하나님이 받으실 만한, 그런데도 여전히 이전의 습관이 너무나 나빠서 지속적인 갈등과 전쟁을 겪을 수밖에 없는 경우가 허다하다. 굉장히 사려 깊은 생각을 통해 끊임없이 점검하지 않는다면 우리의 상상력은 부정한 행로를 택하여 타락한 상태를 탐닉하게 된다. 이제 그러한 사람에게 필요한 것은 자신의 위험성과 연약함에 대해 경각심을 갖는 것이며, 그런 다음에는 지존자 하나님의 구원하시는 능력에 자신을 과감하게 내던지는 것이다.

성화되지 않은 비자발적인 마음 상태는 우리 영혼의 거대한 적이다. 이러한 욕망은 우리 영혼의 평화와 순결을 짓밟는 '육신적인 탐욕'이다. 만약 이러한 것을 깨끗하게 제거한다고 하더라도 우리가 맞서 싸워야 할 사탄은 여전히 남아 있다. 바깥으로는 사탄이 있으며 내부로는 정복되지 않은 기질과 다스려지지 않은 상상력이 도사리고 있다.

이전에는 욕망과 맞서 싸우는 이러한 충돌이 선천적이고 태생적인 죄와 맞서 싸우는 가장 현실적인 전쟁이라고 생각했었다. 그러나 나는 그러한 가르침을 지지하지 않는다. 이러한 욕망은 그 자체로는 죄가 아니지만 죄의 직접적인 원인을 제공한다. 곧 죄로 유혹하는 수단이 된다. 그러므로 그리스도인이 굉장히 꺼리고 혐오하는 대상일 수밖에 없다.

이러한 탐욕이 정복되는 정도에 비례하여 우리 마음에 순결함에 대한 감각이 생겨날 것이다. 나는 우리 영혼이 죄에게 기회를 제공하는 이러한 욕망과 열정을 싫어한다고, 그 자체뿐만 아니라 다른 것과 지저분하게 연결되는 관계 때문에 몹시 싫어한다고 지금까지 설명했다. 그와 같은 이유로 이렇게 몹시 싫어하는 것들로부터 정결하게 되었을 때 그것이 정복되어 정화되기 전에는 결단코 존재할 수 없는, 이제 정결해졌다는 달콤한 의식이 생겨날 것이다.

이와 같은 욕구, 감수성, 상상력의 교화를 흔히 성화라고 불러왔다. 사람들은 지금까지 이러한 것들을 실제로 그 자체가 죄스러운 것으로 생각해왔기 때문이다. 만약 그것이 정말로 죄악 된 것이라면 그러한 교화과정이 정말로 성화로 자리 잡게 될 것이다. 대중적인 언어를 사용하는 영역에서는 지금 이렇게 부르는 것에 대해 아무런 반대도 없는 것처럼 보인다. 실제로 한결같이 대중적인 언어를 사용하는 성경에서는 성화를 '영, 혼, 육'에 영향을 미치는 것으로 이야기하고 있다.

"평강의 하나님이 친히 너희를 온전히 거룩하게 하시고 또 너희의 온 영과 혼과 몸이 우리 주 예수 그리스도께서 강림하실 때에 흠 없게 보전되기를 원하노라"(살전 5:23).

마치 이 세 가지 존재에 얼마든지 흠이 생겨날 수 있는 것처럼 이야기한다. 이 성경 기자는 분명히 오직 총체적인 인간의 성화를, 곧 우리 몸이 이제 더는 마음에 죄의 기회를 제공하지 않는 상태로 성화를 지칭하고 있다.

이와 같은 축복은 굉장히 엄청날 정도로 소중하고 바람직하다. 그런데 이 엄청난 가치를 제대로 평가하는 것은 거의 불가능하다. 그러므로 우리는 다윗이 경험했던 것을 맛보아야 한다. 다윗이 자신을 혐오한 이유를 깨달아야 한다. 그러한 내부의 적에게 있는 무시무시한 힘을 깨달아 알 기회를 얻도록 해야 한다. 다윗의 영혼을 걸려 넘어지게 한 끔찍한 함정을 정확히 파악해야 한다. 어떻게 난폭한 탐욕이 다윗을 압도했는지, 다윗을 먼지 구덩이 속에 쓰러뜨려 얼마나 많은 피를 흘리게 했는지 알아봐야 한다.

그리고 나면 자신을 사로잡아서 오직 잘 단련된 정금 이외에는 아무것도 남아 있지 않을 때까지 모든 찌꺼기와 불순물을 태워버리는 섭리의 훈련이라는 가장 뜨거운 불에 지나가도록 하는 것이 얼마나 바람직한지를 알 수 있게 될 것이다. 오, 그러한 단련과정에도 그는 구속받고 정화되었다는 사실에 얼마나 기뻐하겠는가! 그 결과로 하나님의 모든 뜻 앞에 얼마나 완벽하고 온전하게 서 있을 수 있겠는가!

이 축복은 내적인 마음의 평온과 고요에 없어서는 안 되는 것이다. 이와 같은 전반적인 작업이 더는 진전되지 않는다면 누구도 하나님 안에서 평온을 누릴 수 없다. 의지는 올바로 서 있을 수 있을지도 모르지만 마음은 정복되지 않고 다스려지지 않은 감수성과 충돌로 말미암아 생겨나는 끔찍한 동요를 거의 끊임없이 경험하게 될 것이다. 총체적인 인간이 거룩한 의지와 거룩한 생활로 하나님을 섬기면서 조화를 이룰 때까지 어떤 은혜도 머물러 있을 수 없다.

특히 이 축복은 외적으로 어려운 시험을 통과하는 과정에서 평온을 전달하는 어떤 상황처럼 굉장히 바람직하다. 사람들이 그런 축복을 받았을 때 그것은 사람을 시험하여 승리의 은혜를 찬양하게 함으로써 엄청난 평온을 보여주는 하나님의 섭리에 따른 명령인 것처럼 보인다. 그런데 이런 광경을 고스란히 목격한 사람은 활활 타오르는 듯한 시험을 통과하면서도 어찌 그토록 고요하고도 민첩하게 지나갈 수 있는지 의아하게 생각할 것이다. 다니엘서에 등장하는 세 청년도 활활 타오르는 용광로 속으로 걸어 들어갔지만 아무런 화상도 입지 않은 채 걸어 나올 수 있었다. 하나님의 아들이 거기에 함께 계셨기 때문이다. 그와 마찬가지로 그리스도인이 자신의 정욕을 미리 정복하고 근절시킴으로써 예수님과 함께 용광로 속으로 걸어 들어가야 할 때 용광로 안팎에서 아무런 화상도 입지 않을 것이다.

누군가 한번은 가장 비참한 시험을 당하고 있는 그리스도인 자매에 관해 이렇게 이야기했다. "전 도대체 어떻게 그 자매가 지금처럼 살아갈 수 있는지 놀라울 뿐이에요." 그러나 그 자매는 마치 어린 양처럼 차분하고 고요했다. 하나님은 우리를 정화시켜서 마치 바람 한 점 없는 한여름 밤의 공기처럼 평온하게, 가장 끔찍한 시험을 통과할 수 있게 하신다.

성화의 축복은 우리를 최고로 유용하게 하기에 매우 중요하다. 사람들은 성화의 축복 없이도 유용해질 수 있지만 최고의 상태로 유용해지려면 하나님께로 나아가 그분께서 보시기에 필요하다고 생각하는 모든 일을 우리에게 행하시도록 탄원해야 한다. 이것이 바로 이와 같은 축복을 받기 위해 하나님께 적용해야 하는 영이다.

"오, 나의 하나님이여! 내 안에서 하나님의 뜻대로 전부 행하소서. 그런 나음에는 하나님의 은혜를 가장 잘 보여주고 가장 크게 찬양할 수 있는 곳으로 온 우주의 어느 곳으로든지 나를 데려가주소서. 그것이 무엇이든지 어디든지 간에 오직 하나님의 이름을 지극히 영화롭게 할 수 있기를 바라나이다."

이와 같은 일이 온전히 이루어질 때까지 그리스도인은 다소간 자주 이 세상에서, 그리고 실제로 다른 모든 사람에게 커다란 장애물이자 고민거리다. 그것은 다윗도 마찬가지였다. 다윗의 마음은 철저하게 정화되지 못했다. 그래서 그처럼 무시무시한 죄악에 끊임없이 빠져들었고, 연약한 모습을 사람들에게 자주 보여줄 수밖에 없었다. 이에 대해서 조나단 에드워즈는 다음과 같은 탁월한 해결책을 제시했다.

"어떤 죄악에 걸려 넘어졌을 때 그 직접적인 원인을 찾아서 완전히 제거할 때까지 결코 편안히 쉬지 말라."

조나단 에드워즈처럼 위대한 인물은 자기 경험으로부터 충분히 배웠기 때문에 죄악의 직접적인 원인을 찾아내야 한다는 사실을 스스로 보여주었다. 하지만 우리는 어떨까?

환자가 아플 때 의사는 단지 증상만을 치료하는 것이 아니라 직접적인 원인이나 근본적인 이유를 찾아내서 그것을 없애려고 애쓸 것이다. 우리도 죄를 저질렀을 때 직접적인 원인을 찾아서 그것을 철저히 제거할 때까지 스스로 편히 쉬지 말아야 한다. 그러니까 이처럼 시편 기자인 다윗은 매우 적절하게 기도했으며, 그것이 바로 당신도 하나님께 나아가 이렇게 부르짖어야 하는 이유이다.

"오, 나의 하나님! 제 안에 깨끗한 마음을 창조하소서. 이 모든 죄의 비참한 원인을 가져가소서. 그렇지 않으면 제가 계속해서 하나님에게 수치를 안기고 하나님의 이름을 욕되게 할까 두렵습니다."

주의 구원의 즐거움을 내게 회복시켜 주시고 자원하는 심령을 주사 나를 붙드소서. 시편 51:12.

천사들처럼 절대로 죄짓지 않는 존재의 거룩한 기쁨과도 비교할 수 없는 이와 같은 기쁨에는 여러 가지 요소가 있음을 올바로 주목하는 것이 중요하다. 구원받은 죄인에게는 타락한 천사가 한 번도 맛보지 못했으며 절대 맛볼 수 없는 여러 형태의 기쁨이 있다. 이 말은 우리 같은 죄인이 구원받았을 때 전혀 구원받을 필요가 없는 무죄한 존재보다 훨씬 더 행복해진다는 뜻이 아니다. 다만 각각의 기쁨에는 다른 존재가 맛볼 수 없는 기쁨이 존재한다는 의미이다.

시편 51편 12절에서는 다윗의 참회 시편이라고 불릴 만한 것들을 발견할 수 있다. 제목에서, 그리고 그다음에 이어지는 구절에서 충분히 보여주는 것처럼 이 시편은 밧세바와 우리야 문제를 겪으면서 다윗이 저지른 엄청난 죄악과 관련하여 기록되었다. 이것은 제목에서 암시하는 것처럼 나단 선지자에게 책망받고 참회하던 바로 그 시기에 기록되었을 가능성이 매우 크다. 그보다 다소 늦은 어느 시기에 기록되었다면 분명히 다윗은 죄악과 관련된 장면을 생생하게 회상하고 있었을 것이다. 그러므로 우리는 이 본문과 같은 기도를 드린 직접적인 동기가 이러한 여러 가지 상황이라고 간주할 수 있을 것이다.

이제 우리가 던지고 싶은 질문은 이것이다. 곧 이와 같은 마음 상태에서 가장 중요한 요소는 무엇인가 하는 것이다.

첫째, 용서에 대한 인식이다. 어떤 사람은 회개했지만 여전히 하나님이 베푸시는 구원의 기쁨을 마음껏 누리지 못하고 있을 수도 있다. 왜냐하면 이 기쁨의 구성 요소 가운데 하나는 용서에 대한 인식이기 때문이다. 우리 죄인에게는 하나님이 용서해주셨다는 하나님의 계시가 필요하다.

둘째, 거룩한 화해에 대한 인식이다. 진정으로 회개하기는 했지만 아직도 자기의 영혼에 하나님이 베푸시는 용서의 은혜가 명확하게 드러나지 않는 어떤 사람을 떠올릴 수 있을 것이다. 그는 하나님이 자신과 화해를 이루셨음을 깨닫지 못할 수도 있으며, 그에 관해서 조금도 생각하지 못하거나 믿지 못할 수도 있다. 그러나 이와 같은 사실에 대한 어느 정도의 거룩한 계시는 죄를 깨달은 죄인이 하나님의 구원으로 말미암은 기쁨을 이루는 데 있어서 본질적이다. 그것이 무죄한 존재에게는 본질적이지 않을 수도 있지만 다윗처럼 죄를 지어서 거룩한 진노 아래 타락했다고 느끼는 사람에게는 분명히 본질적이다.

셋째, 자기 만족적인 사랑이다. 이에 관해서 바울은 "우리에게 주신 성령으로 말미암아 하나님의 사랑이 우리 마음에 부은 바 됨이니"(롬 5:5)라고 말한다. 그리스도인들의 경험으로는 이처럼 성령으로 말미암아 우리 마음에 거룩한 하나님의 사랑을 부어주심으로써 대개 그리스도의 구속하시는 보혈 안에서 회개의 경험과 믿음의 경험이 뒤따른다. 이 사랑은 어떤 의지의 작용과도 상반되는 감수성의 상태이다. 그것은 실제로 하나님과 그분의 방식과 일하심 안에서 즐겁게 기뻐하는 정서 상태로 이루어지며 자비와는 본질적으로 다른 것이다. 이것은 용서받은 죄인의 기쁨을 구성하는 여러 요소 가운데 하나이다.

넷째, 내적인 정결함에 대한 인식이다. 내적인 정결함에 대한 인식이 없는 사람이라고 해서 하나님이 베푸시는 구원의 기쁨을 맛볼 수 없다는 뜻은 아니다. 그러나 브레이너드가 말한 것처럼 "나는 과거와 현재의 죄로부터 깨끗하다"고 느낄 수 없는 사람이라면 실제적이고 풍성한 기쁨을 맛볼 수 없을 것이다. 이와 같은 요소가 없다면 그는 흥분할 수는 있겠지만 하나님이 베푸시는 참된 구원의 기쁨을 맛볼 수는 없다. 왜냐하면 그에게는 여전히 참된 구원 자체가 부족하기 때문이다. 다시 말해 현재의 죄로부터 내적인 정결함, 곧 긍정적인 구원이 찾아오기 때문이다. 하나님이 영혼을 새롭게 하려고 그분의 성령이 간직한 에너지를 우리에게 적용하실 때, 이기적인 탐욕을 대신하여 우리 마음에 그분의 사랑을 가득 부어주실 때 현재의 정결함에 대한 달콤한 인식이 생겨나서 죄가 사라지고 거룩한 사랑이 그 자리를 대신 차지하는 모습을 저절로 목격하게 된다.

다섯째, 내적인 조화에 대한 인식이다. 이 말은 그 자신뿐만 아니라 하나님, 그리고 온 우주의 다른 모든 거룩한 존재와 조화를 이룬 마음 상태에 관해 언급하는 것이다. 자신의 모든 역량을 동원하여 서로 간에 가장 적합한 상호관계를 맺고, 모든 존재가 다 함께 하나님과도 그와 같은 관계에 이르게 됨으로써 완벽하게 조화를 이루게 된다. 아마 이처럼 매우 유쾌한 결과를 조화라는 용어보다 더 잘 표현하는 말은 없을 것이다. 사실상 그것은 달콤한 음악에 녹아들어 있는 조화이기도 하다. 각각의 개별적인 진동이 저마다 나름대로 어우러져서 결과적으로 다 함께 가장 절묘한 조화를 이루어내는 것 말이다. 만약 우리에게 조화라는 단어가 의미하는 바에 관한 예리한 이해가 없다면 우리도 이것을 제대로 이해하지 못했을 것이다.

하지만 사람이 단어나 언어의 의미를 얼마나 다르게 이해하는지 모른다. 조화라는 단어도 마찬가지다. 어떤 사람의 마음에는 조화의 의미에 대한 개념조차 없기도 하다. 그러나 소리 영역에서 예리한 감각을 가진 사람, 예민한 취향을 가진 사람, 잘 조율된 귀를 가진 사람은 그 모든 힘이 조화를 이루고 있을 때 영혼의 조화라는 표현에서 의도하는 바를 충분히 이해할 수 있을 것이다. 그들은 대조법을 통해서도 조화를 잘 이해할 수 있을 것이다. 귀에 거슬리는 피아노의 불협화음을 들려주거나, 훨씬 더 심하게는 전혀 음정이 맞지 않는 오르간 소리를 그들에게 들려줘 보아라. 오, 그들의 예민한 음감이 얼마나 망가지겠는가! 회심하지 않은 상태에 있는 마음 역시 마찬가지며, 그 마음이 달콤한 사랑의 조화에 맞춰지는 쪽으로 나아가고 있을 때도 마찬가지다.

그러나 하나님이 모든 관악기와 현악기를 질서정연하게 배치하여, 자신을 우리 마음에 맞추어 이 모든 악기 위에서 그분의 손가락을 자유로이 움직이면서 바로 그 천상의 조화라는 입김을 불어넣을 때 이것이 얼마나 놀라운 음악이 되겠는가! 이 세상 어떤 말로 감히 그것을 묘사할 수 있겠는가! 그러나 만약 우리 영혼을 하나님 손에 내드려 그분께서 우리 영혼에 영적인 조율을 할 수 있도록 한다면 당신은 그것이 무엇인지 경험으로 터득할 수 있을 것이다. 그것이 가장 복된 경험임을 깨닫게 될 것이다. 우리 영혼의 활동으로 말미암아 생겨나는 모든 능력, 모든 애정, 모든 요소가 서로 너무나 잘 어울려 서로 완벽하게 어울리지 못하는 어떤 곡조도, 어떤 가사도 발견할 수 없을 때 그로 말미암아 얼마나 풍성한 조화가 생겨나겠는가! 당신 영혼을 지배하는 평화가 널리 퍼지게 될 것이다. 곧 모든 의견, 모든 감정, 모든 애정이 하나님과 조화를 이루게 될 것이다.

물론 여기에는 총체적으로 계시된 하나님 뜻 안에서 발견되는 기쁨이 은연중에 함축되어 있다. 하나님의 모든 성품, 하나님이 행하시는 모든 일, 하나님이 행하시지 않는 모든 일에도 기쁨이 함축되어 있다. 거기에는 하나님이 성취하시는 모든 일과 성취하시지 않는 모든 일을 포함하여 하나님의 섭리에 따른 모든 인도하심에 묵묵히 순종하는 일도 포함된다. 이와 같은 마음 상태가 정결한 상태로 존재할 때 우리는 하나님 안에서 만족을 느낀다. 그리고 이것은 우리의 본성과 환경에서 요구하는 모든 필요와 욕구가 하나님 안에서 완벽하게 충족되는 모습으로 나타난다. 이러한 깊은 이해는 하나님이 베푸시는 구원의 기쁨에서 절정을 이룬다.

다윗은 왜 구원의 기쁨을 구하였는가?

이와 같은 기쁨을 소유하는 것은 하나님께 영예로운 일이다. 그러한 행복이야말로 너무나 위대하신, 아낌없이 베푸시는, 관대하신 하나님 아버지의 자녀를 특징짓는 것이다. 그러나 그런 행복을 누리지 못한다면 하나님께 굉장한 불명예를 안겨드리는 것이다. '그 백성이 날마다 슬퍼해야 한다면' 그 나라의 왕에게 이보다 더 수치스러운 일이 있겠는가? 하나님의 자녀라고 고백하는 사람이 아무런 기쁨을 누리지 못하고 있다면 얼마나 이상한 일이겠는가! 하나님의 백성이 마치 걸어 다니는 해골처럼 앙상하고 꺼림칙한 모습으로 거리를 활보하고 다닌다면 그것이 하나님을 수치스럽게 만드는 일이 아니고 무엇이겠는가? 하나님은 이런 상황에도 충분히 참아내실 수 있는 것처럼 보이지만 단지 그렇게 하시지 않을 뿐이다. 그렇다면 심지어 하나님은 걸레 같은 누더기를 걸친 모습의 그리스도인을 얼마나 좋아하시겠는가? 도대체 누가 그렇다고 믿을 수 있단 말인가? 도대체 어떤 왕이 자기 궁전에서, 자기 백성이 계속해서 그런 우중충한 모습을 보이도록 가만히 내버려 두겠는가?

영적인 기쁨과 평화 없이 살아가는 그리스도인은 하나님께 불명예를 안겨드릴 뿐만 아니라 하나님을 크게 망신시키는 것이다. 어떤 그리스도인이 영적인 기쁨이 없다고 불평할 때 거기에 함축된 의미는 무엇인가? 그는 분명히 하나님이 그분의 자녀에게 기쁨의 동기를 제공하기 싫어하신다거나, 그러한 기회를 기꺼이 받아들여 마음껏 누리기를 몹시 싫어하신다는 사실을 넌지시 암시하고 있음이 틀림없다.

기쁨으로 가득한 그리스도인은 다른 사람에게도 굉장히 유익하다. 메마른 광야에서 생명수의 원천이 얼마나 가치 있는 존재인지 감히 누가 예단할 수 있겠는가? 하나님의 구원으로 말미암은 기쁨에 관하여 항상 무슨 이야깃거리가 있는 그리스도인은 마치 가뭄이 심한 땅에서 흘러넘치는 실로암 우물이나 사막의 오아시스 같은 존재이다. 너무나 많은 사람이 언제나 불평을 입에 달고 있기 때문에 유쾌한 그리스도인의 말과 영은 그만큼 주변 사람에게 새로운 기운을 불어넣게 된다.

즐거운 마음을 소유한 그리스도인이 단 한 사람만 있더라도 그것은 가족에게 엄청나게 귀중한 축복이다. 가정에 하나님의 구원으로 말미암은 기쁨으로 충만하여 유쾌한 말로 분위기를 띄우는 그리스도인이 있다는 것, 이것은 마치 황량한 모래 언덕이 끝없이 펼쳐지는 사막 구석구석에 콸콸 흘러넘치는 우물을 파는 것이나 마찬가지일 것이다. 그러면 광야가 얼마나 순식간에 장미꽃이 만발하는 흥겨운 땅으로 변하겠는가! 그와 같은 그리스도인이 단 한 명만 있다면 어둠을 물리치고 하나님의 영광스러운 빛 안으로 들어가기를 원하는 공동체에 얼마나 뜨거운 불을 지필 수 있겠는가!

그리스도인의 영적인 기쁨은 불신자에게도 굉장히 유익하다. 불신자들은 하나님 안에서 마땅히 기뻐해야 하는 사람이 바로 그리스도인이라는 사실을 아주 잘 알고 있어서 그리스도인들이 그렇게 기뻐하더라도 그다지 놀라지 않는다. 그런데 그리스도인이 하나님 안에서 편안히 쉬는 모습을 보고는 깊은 인상을 받는다! 물론 그와 같은 평안에 대해서 불신자들은 아무것도 알지 못한다. 다만 그리스도인이 누리는 그런 평안을 바라보면서 자신의 처량한 신세를 한탄할 뿐이다. 그렇다면 마음과 입술이 기쁨으로 충만한 그리스도인과 교제하면서 과연 어떤 불신자가 이와 같은 기쁨에 대해 갈망을 느끼지 않겠는가?

이런 진지한 성품에 대해 내가 받았던 초기의 여러 인상은 어떤 청년이 하나님 안에서 맛본 기쁨에 관한 간증을 들으면서 생겨났다. 나는 그 모임이 끝난 후 울면서 집으로 갔다. 그러면서 나 자신에게 이렇게 말했다. "그 기쁨은 우리 인간의 영혼에서 마땅히 누려야 할 가치가 있는 기쁨이다." 그렇게 눈물을 줄줄 흘리면서 걸어가다가 아무도 없는 곳에 홀로 남았을 때 한적하고 마른 땅을 찾아 무릎 꿇고 기도하면서 그 청년이 누렸던 기쁨을 나에게도 달라고 하나님께 부르짖었다. 지금까지 내가 들었던 모든 설교와 강의를 합쳐도 그 청년이 맛본 신앙적인 기쁨을 통해 받은 인상에 비하면 거의 절반에도 미치지 못했다.

불신자들은 자신에게 정말 기쁨이 부족하다는 사실을 잘 알고 있다. 그래서 그리스도인이 기뻐하는 모습을 볼 때 자기 모습과 비교할 수밖에 없으며, 결과적으로 자신의 형편없는 처지가 드러날 수밖에 없다.

이처럼 기쁨을 누리기 위한 불신자들의 처절한 싸움은 사실상 전적으로 이기적이다. 앞서 언급한 그 당시에 내가 드렸던 기도 역시 그랬다. 그러나 그 나름대로 굉장히 유익했다. 그러한 기도로 말미암아 그리스도인의 믿음이 얼마나 가치 있는 것인지를 자각할 수 있었기 때문이다. 그 믿음을 제외한 다른 모든 것이 얼마나 무가치한 것인지 깨달았기 때문이다. 시편 기자 역시 경건한 기쁨의 가치를 이해하고 있었다. 그래서 이렇게 고백했다.

"주의 구원의 즐거움을 내게 회복시켜 주시고 자원하는 심령을 주사 나를 붙드소서. 그리하면 내가 범죄자에게 주의 도를 가르치리니 죄인들이 주께 돌아오리이다"(시 51:12-13).

시편 기자는 이 기쁨이 불신자들의 마음에 굉장히 강력한 인상을 주어 커다란 유익을 끼칠 수 있을 것이라는 사실을 잘 알고 있었다.

이와 같은 기쁨이 없다는 것은 모든 부류의 사람들에게 커다란 걸림돌이다. 예를 들어 영적인 어둠과 문제에 빠진 목회자를 두는 것은 어떤 교회엔 커다란 걸림돌이다. 자기 마음이 영적인 두려움으로 위축되어 있다면, 또는 스스로 영적인 번민에 빠져 고통받고 있다면 과연 어떻게 그가 교인들을 인도할 수 있겠는가? 한 사람의 위치가 점점 더 중요해질수록 성령이 영감으로 불어넣으시는 기쁨과 평화가 더욱 필요하다. 교회에서 집사들, 가정에서 부모들, 대학에서 교수들을 비롯하여 막중한 책임을 진 사람들이 하나님의 구원으로 말미암은 기쁨을 다른 사람에게 나눠줄 수 있을 만큼 충분한 은혜를 소유하고 있지 않다면, 도대체 어떻게 자신에게 맡겨진 소명을 완수할 수 있겠는가?

이렇게 말한다고 해서 그리스도인들은 결코 시험과 슬픔을 겪지 않는다는 의미는 아니다. 분명히 그리스도인도 각종 시험과 슬픔을 맛본다. 그러나 이러한 시험과 슬픔 속에서도 하나님의 구원으로 말미암아 그의 영혼에 찾아오는 기쁨은 얼마나 소중하겠는가!

하나님의 구원으로 말미암은 기쁨은 특히 복음을 전하는 자에게는 없어서는 안 될 필요충분조건이다. 어떤 사람이 그런 기쁨 없이 다른 무엇인가를 전할 수는 있을지 모르지만 복음을 전할 수는 없을 것이다. 그 사람이 도덕적인 메시지를 전할 수도 있으며, 또한 논란이 많은 자신의 신념을 지키기 위하여 용감하게 싸울 수도 있을 것이다. 그러나 이것들에 관하여 실제적인 경험으로 아무것도 알지 못한다면 과연 어떻게 그럴 수 있겠는가? 그에게는 평안을 가져오는 믿음이 필요하며 하나님과 영혼의 교제를 나누면서 마음의 기쁨을 가져올 필요가 있다. 이것은 단지 회개하거나 경건해지는 것보다 더 많은 의미를 내포하고 있다. 다윗도 회개했지만 그보다 더 많은 무엇인가가 필요하다는 것을 잘 알고 있었다. 그때까지 하나님이 그분의 얼굴에서 나오는 빛을 아직 다윗에게 계시하지 않으셨다. 그리하여 다윗은 하나님 앞에서 자기 자신을 겸허히 낮추고 자기 죄를 고백하면서 "주의 구원의 즐거움을 내게 회복시켜주소서"라고 기도하는 자리에 여전히 머물러 있었다.

다윗은 하나님 앞에서 기쁨으로 충만해진다는 것이 무엇을 의미하는지 아주 잘 알고 있었다. 다윗은 여호와의 법궤 앞에서 온 힘을 다하여 기쁨에 겨워 덩실덩실 춤을 추었다. 우리는 시편에서 기쁨과 찬양의 노래를 준비하는 다윗의 모습을 자주 발견한다. 그러나 이제 슬프게도 다윗의 거문고는 소리를 멈추고 모든 줄이 축 늘어져 있다! 안타깝게도 다윗은 하나님께 대적하는 죄악을 저질렀다. 두텁고 시꺼먼 구름이 다윗의 영혼을 뒤덮었다. 비록 다윗이 자기 죄를 고백하기는 했지만 아직도 "주의 구원의 즐거움을 내게 회복시켜 주소서"라고 기도해야 할 이유가 여전히 남아 있었다. 왜 다윗은 그토록 이와 같은 기쁨을 회복하기를 원하는가? 그런 기쁨이 없이는 범죄자들에게 아무런 선한 목적을 가르칠 수 없기 때문이다.

도대체 어떤 그리스도인이 이와 같은 마음 상태에 처해 있는 다윗과 공감하지 못한단 말인가? 도대체 누가 무슨 죄악을 저지른 이후에 그 죄를 고백했지만, 하나님의 구원으로 말미암아 누리던 잃어버린 기쁨을 회복시켜 달라고 여전히 하나님께 간구해야 할 가장 커다란 이유를 경험적으로 알지 못한단 말인가? 그런 영혼은 이렇게 부르짖을 수밖에 없다.

"오, 주님! 주님에게서 어둠 속으로 내던져진다면 도대체 제가 어떻게 살 수 있겠나이까? 오, 하실 수만 있다면 주님의 화해시키는 얼굴을 보여주시고, 다시금 주님의 구원으로 말미암은 기쁨을 회복시켜 주시옵소서!"

다윗의 기도가
응답받을 수 있는 조건은?

자신의 죄에 대하여 민감해야 한다.

우리는 자기 죄악에 대하여, 그로 말미암은 깊은 파멸적인 죄책감에 대하여 민감해져야 한다. 그리스도인의 기쁨을 구성하는 여러 요소에는 천사들 같은 죄 없는 존재가 누리는 기쁨에는 없는 것이 있다고 앞서 설명했다. 그리스도인은 그 기쁨이 죄책감과 정죄감보다 앞서야 한다는 것은 피할 수 없는 사실이다. 그렇지 않으면 용서의 은혜를 경험할 수 없으며 복음에 대해서도 은혜를 경험할 수 없다.

그리스도인은 죄에서 구원된다는 것, 더 나아가 죄로 말미암아 짓게 되는 여러 가지 범죄 행위, 그리고 죄에 따른 끔찍한 정죄감에서 용서받는다는 것이 얼마나 놀라운 일인지 깨닫기 위하여 이처럼 죄에 관해 정확한 이해가 필요하다. 복음에 따른 구원의 기쁨을 경험하기 위해서는 어떤 사람이든 자기 죄를 고백해야 하며, 진정으로 자기 죄를 회개해야 한다. 하나님이 회개하지 않은 사람에게 구원의 기쁨을 회복시키신다면 그분은 자기 일을 소홀히 행하시게 되는 것이다.

진정한 회개를 위해 제대로 원상회복해야 한다.

누구든지 우리를 받아주시는 속죄와 그 방식에 관한 이해가 있어야 한다. 나는 누구든지 회개할 수는 있지만 회복된 기쁨에 대한 인식은 아직 없을 수도 있다고 지금까지 설명했다. 이것이 사실이라고 알고 있으며, 이 책을 읽고 있는 모든 그리스도인이 그렇게 알고 있다고 믿는다. 이 기쁨을 누리기 위해서는 우리에게 용서에 대한 인식이 필요하지만 이것이 전부는 아니다. 하나님이 정당하다고 인정할만한 그런 용서에 관한 인식과 더불어 그런 용서의 방식에 관한 관점이 우리에게 필요하다. 다시 말해 하나님이 죄인을 용서하시는 것이 공의로우시다는 사실을 보여주는 그런 관점이 우리에게 필요하다.

그와 같은 마음 상태에 머물러 있는 죄인은 이기적이지 않다. 그는 하나님이 의로우신 분이기를 바랄 것이기 때문에, 스스로 생각하기에 완전히 무죄 선고받고 충분히 하나님을 영화롭게 하지 않는 것처럼 보이는 어떤 방식으로 용서받는다면 그다지 행복할 수 없을 것이다. 그러므로 그는 복음적인 용서의 방식이야말로 가장 완전하게 하나님을 의롭게 하고 영화롭게 한다는 사실을 올바로 바라봐야 한다. 또한 예수 그리스도를 통한 속죄야말로 이 모든 훌륭하고 바람직한 목적에 가장 완전하게 부합한다는 사실을 제대로 봐야 한다. 하나님이 죄를 용서하시는 과정에서도 얼마든지 영광스러울 수 있는 방식으로써 속죄에 대한 올바른 개념이 없다면 어떤 사람도 하나님의 구원으로 말미암은 기쁨 안으로 들어가는 것은 불가능하다.

그리스도를 받아들여야 한다.

또 다른 본질적인 조건은 충분하게 그분과 관계를 맺으면서 그리스도를 받아들이는 것이다. 만약 우리가 그리스도께서 우리와 어떤 관계를 유지하고 계시는지, 결과적으로 우리를 위하여 무엇을 하실 수 있는지를 올바로 바라보지 못한다면 이 기쁨을 맛보는 것은 불가능하다. 만약 그리스도의 충만하심을 제대로 이해하지 못한다면 우리는 그리스도의 구원으로 말미암은 기쁨을 충분히 받아들일 수 없다. 그러므로 우리는 그리스도를 우리 구세주로, 하나님과 우리 사이의 중보자로 온전히 받아들여야 한다.

하나님에 대한 보편적인 확신이 있어야 한다.

만약 우리에게 하나님에 대한 확신이 없다면 결국 초조해져서 문제가 생기고 말 것이다. 그리하여 우리 영혼이 하나님을 향하여 올바로 서지 못하게 된다. 전적인 자기 부인 역시 하나의 조건이다. 자기를 부인하지 않는 사람은 이 기쁨을 누릴 수 없다. 당신은 온갖 우상을 폐기해야 한다. 만약 하나님으로부터 흘러나오는 기쁨이 아니라 이 세상 쾌락에서 흘러나오는 각종 샘물을 찔끔찔끔 마시고 있는 사람에게 이와 같은 기쁨을 허락하시는 하나님이라면 과연 당신은 어떻게 생각하겠는가?

내주하시는 하나님의 성령이 필요하다.

우리 안에 성령이 계시지 않는다면 과연 누가 자신의 욕망을 잠재울 수 있을 것이며, 이러한 조건 가운데 어느 하나라도 충족시킬 수 있겠는가? 우리 영혼과 하나님 사이에 소통을 위한 분명한 매개체가 반드시 있어야 하는 것도 매우 중요한 부분이다. 하나님과 아무런 교제가 없는 사람은 복음적인 구원의 기쁨을 누릴 수 없다. 무슨 이유로든지 우리 영혼이 하나님과 단절되어 있고 교제가 자유롭지 않을 때 하나님은 그분의 얼굴을 숨기시고 우리 영혼은 하나님의 위대한 구원으로 말미암은 기쁨을 누릴 수 없게 된다.

하나님이 받으실 만한
기도를 드린다는 것에 내포된 의미는?

먼저 우리는 자신에게 꼭 필요한 것들에 대한 분명한 인식이 필요하다. 자신의 필요를 제대로 느끼지 못한다면 절대 어떤 열정도 갖지 못한 채 기도하게 될 것이기 때문이다. 이 땅의 쾌락에 접근할 수 있는 온갖 수원지에서 흘러나오는 샘물을 홀짝홀짝 마시면서, 그와 동시에 불충분하고 갈라진 저수지에다 자기를 위하여 무엇인가를 계속 쌓아가는 한 우리는 절대 복음의 샘물이 끊임없이 흘러나오는 영원한 수원지에 다가가지 못할 것이다. 우리 영혼은 자신에게 꼭 필요한 것들에 대해 정확히 인식하는 동시에 매우 공허한 상태에 있는 자신에 대해서도 올바로 의식할 필요가 있다. 그리하여 거룩한 수원지에 다가가야 할 필요성을 깨달아야 한다. 그렇지 않으면 이와 같은 생명수를 마실 수 있는 수원지로 다가갈 수 있다는 소망이 사라지게 될 것이다.

또 다른 필수조건은 이와 같은 마음 상태를 유지하기 위해서는 하나님께 의탁해야 한다는 인식이다. 사람들은 그런 축복을 받아야할 필요성을 느끼고 있을지 모르지만 하나님을 의탁해야 한다는 사실에 관해서는 깨닫지 못하고 있을지도 모른다. 그러나 이처럼 의탁한다는 느낌은 그런 축복을 위하여 하나님께 간절히 기대기 전부터이미 자리 잡고 있어야 한다. 비록 사람에게 회개하는 능력이 있을지라도 하나님의 도움 없이는 이와 같은 거룩한 즐거움의 수원지에 접근할 수 없다는 사실을 깨달아야 한다. 아무리 하나님의 천사가내려오더라도 이처럼 '자비의 집'에서 흘러나오는 샘물을 주기는어려울 게 틀림없다. 그러므로 우리를 도와주는 친절한 손에 자신을내맡겨야 한다. 그러면 우리 영혼이 어떤 질병에 걸리더라도 온전해질 수 있을 것이다.

하나님이 받으실 만한 기도라는 말에는 지금까지 논의한 여러가지 조건을 충족시킨다는 뜻이 들어 있다. 만약 그렇지 않다면 우리는 단지 하나님을 시험할 뿐이다. 이렇게 계시된 조건들을 알면서도 그것을 충족시키지 않은 채로 축복을 달라고 하나님께 간구하는것은 하나님의 얼굴에 침을 뱉는 꼴이다. 그것은 하나님이 정하신조건을 무시하거나 폐지해야 한다고 요구하는 것이다. 그러니까 하나님이 절대 하실 수 없는 한 가지를, 심지어 은연중에라도 그렇게하도록 하나님께 간구할 수 없는 한 가지를 요구하는 죄이다.

하나님이 받으실 만한 기도가 이기적이지 않다는 사실은 특히중요하다. 그는 하나님께 자신을 성별하여 어떤 축복이라도 이기적으로 사용하지 않겠다고 단단히 마음먹고 있어야 한다. 만약 그런 축복을 받지 못할 때도 모든 것을 하나님의 영광을 위하여, 그리고 인간의 최고선을 위하여 사용하도록 결단해야 한다. 다윗은 이렇게 말한다.

"그리하면 내가 범죄자에게 주의 도를 가르치리니 죄인들이 주께 돌아오리이다"(시 51:13).

영적인 기쁨을 달라고 간구하는 것에는 굉장한 위험이 내포되어 있다. 우리 마음이 범사에 하나님을 영화롭게 하려고 사심 없이 노력하기보다는 이기적으로 흐를 가능성이 크기 때문이다. 심지어 하나님이 우리에게 은혜롭게 베풀어주시는 신앙적인 기쁨과 평화를 간직하고서도 말이다.

이 기쁨의 엄청난 가치를 인식하는 것은 또 다른 필수조건이다. 이것은 당신에게 그럴 만한 자격이 없다는 깨달음과 연결되어야 한다. 만약 이 두 가지 정서를 결합하여 엄청난 힘을 갖게 한다면 당신은 구원의 기쁨을 헛되이 추구할 수 있는 위험에 빠지게 될지도 모른다. 이 두 가지와 관련해서 하나님은 우리가 찾는 축복을 기꺼이 허락하신다는 사실에 커다란 확신이 있어야 한다. 그리고 이와 같은 결과를 가져오는 길을 열기 위하여 하나님이 필요한 모든 수단을 쓰시도록 기꺼이 내드리는 자세가 반드시 있어야 한다.

하나님의 구원으로 말미암은 기쁨을 누리기 위해서는 이제 세상의 기쁨을 흘려보내는 수많은 거대한 샘물을 메워야 할 것이고, 수

많은 우상을 제거해야 할 것이며, 이 땅의 쾌락을 마시는 수많은 잔을 내던져야 한다. 결과적으로 우리 편에서는 그 길을 예비하기 위하여 하나님이 원하시는 대로 우리에게 무엇이든지 행하시도록 기꺼이 내드리는 마음이 있어야 한다. 그러므로 하나님이 그분의 길을 택하시도록 내드리지 않는다면 하나님을 향하여 여러 가지 조건을 만들어냄으로써 자신이 정말 위선자임을 밝히 드러내게 될 것이다. 결국 우리에게 거룩함 자체가 없으면서도 성결의 기쁨을 얻으려고 애쓰고 있는 셈이다.

또한 무한하신 지혜자의 처분에 따라 그런 축복을 받는 시간, 방법, 조건들을 전적으로 내드리는 기꺼운 마음이 있어야 한다. 모든 것이 절대적인 순복과 함께 그분의 손에 있어야 하며, 우리는 필요한 일은 무엇이든지 감당할 준비가 되어 있어서 충분히 하나님을 영화롭게 할 수 있어야 한다.

또한 우리가 받는 여러 가지 축복을 지혜롭고 거룩하게 사용하겠다는 절대 변하지 않는 결단도 있어야 한다. 전적으로 하나님만을 위하여 이 축복을 사용하겠다는 결단이 우리 마음속에 든든히 자리 잡고 있어야 한다. 오직 하나님만을 위하여 간구하겠다는 진실한 의도로 기도하지 않는다면 그 축복을 기대할 만한 아무런 이유가 없다.

우리에게 한없이 베푸시는 은혜의 하나님은 그분의 선하심을 알리기 위하여 열심히 애쓰고 계신다. 그렇다면 우리도 너무나 영광스러운 목적을 위하여 너무나 고상한 일에 담대하게 우리의 손길을 펴야 하지 않겠는가? 만약 하나님이 당신의 잔을 채우신다면 당신은 기꺼이 그 잔을 주변으로 돌려서 다른 사람도 그와 같은 수원지에서 흘러나오는 샘물을 마시고 새로워지도록 도와야 한다. 그 수원지가 어디에 있는지, 그 샘물이 얼마나 좋은지 다른 사람들에게 보여주어야 한다. 사람들은 이러한 것들에 관하여 그다지 알지 못하기 때문에 당신의 잔에서 흘러나오는 그런 거룩한 기쁨을 보고 하나님께 영광을 돌리게 될 것이다.

＊ ＊ ＊ ＊ ＊

스스로 그리스도인이라고 고백하는 많은 사람이 하나님의 구원으로 말미암은 기쁨에 관하여 아무것도 모르는 경우가 부지기수다. 나는 회심하기 훨씬 전부터 이와 같은 기쁨에 관해 커다란 인상을 받았다. 그 당시 나에게는 여러 그리스도인과 함께 각자의 경험에 관하여 대화를 나누는 습관이 있었다. 이 주제에 관하여 상당히 많은 호기심을 갖고 있었기에 그와 관련해서 아무 거리낌 없이 자유롭게 물었으며, 그렇게 대화하는 기회를 자주 얻었다. 그것은 나에게 깊이 생각해볼 문제였으며, 그 당시에 많은 그리스도인이 하나님 안에서 그다지 실제적인 기쁨을 누리지 못하고 있다는 사실로 말미암아 커다란 충격을 받았었다.

대다수 그리스도인이 곤고하고 불평하며 문제로 가득하다는 인상이 내 마음속에 자주 엄습해왔다. 그러므로 이들에게는 하나님 안에서 맛보는 실제적인 기쁨이 거의 없거나 아예 없다는 확신이 점점 더 무르익게 되었다. 사람들은 죄를 회개하고 십자가에 모든 짐을 내려놓았을 수도 있지만, 하나님의 구원으로 말미암은 기쁨에 대해서 혹시 알고 있을지도 모르지만 그다지 많이 알지 못하는 것처럼 보였다. 하나님의 구원과 그분의 얼굴에서 흘러나오는 빛에 관해 거의, 또는 아예 아무것도 할 말이 없어서 이 주제와 관련하여 그들은 일반적으로 침묵하고 있었다.

스스로 그리스도인이라고 고백하는 수많은 사람이 이 축복에 관하여 그다지 신경 쓰지도 않는 눈치였다. 그들은 마치 추구해야 할 다른 선이 아무것도 없다는 듯 옷이나 돈을 긁어모으느라 안달이었으며, 이 세상에 속한 것들을 몹시 갈망했다. 또한 마치 하나님이 이 세상 나라와 거기에 있는 좋은 것을 먼저 구하라고 말씀하시기라도 한 것처럼 이 세상을 위하여 살아갔다. 그래서 사람들은 그 길을 재촉하면서 이와 같은 공연이나 파티로 내달릴 뿐만 아니라 항상 감각적이고 세속적인 것들에 굶주려 있다.

그들은 골방으로 들어가거나 기도회에 참석하기보다는 차라리 공연이나 파티를 더 즐거이 찾아갈 것이다. 이들은 어떻게 우리가 프란시스 자비어(16세기 예수회 신부로 인도와 일본에 복음을 전했다-역주)처럼 골방으로 들어가고 싶어 할 수 있는지 도저히 상상하기조차 어렵다. 자비어는 한 번 골방으로 들어가면 하나님과 깊고도 성결한 교제를 경험하면서 적어도 7시간 이상씩 시간을 보내는 바람에 그 얼굴에서 마치 천사 같은 광채를 발했다. 그러나 사람들은 그러한 장면과 활동이 주는 매력에 대해 어떤 올바른 개념도 갖고 있지 않았다.

어떤 그리스도인이 하나님 안에서 발견되는 이와 같은 기쁨을 제대로 맛보다가 그 이후로 연이어 그 기쁨을 빼앗겼다면 마치 지금까지 사귀었던 모든 친구를 잃어버린 듯한 표정을 지을 것이다. 한때 달콤한 생명수에 취해 있었기 때문에 이 세상의 기쁨을 들이키는 것이 얼마나 무미건조한 일이란 말인가! 그렇다고 이것이 그리스도인은 이 세상에 있는 것들을 전혀 즐길 수 없다는 뜻으로 말하는 게 아니다. 당연히 그럴 수도 있다. 하지만 어떤 사람도 온갖 세상 것을 즐기면서 동시에 하나님을 소유한 사람처럼 아주 충만한 기쁨을 누릴 수는 없다. 하나님의 손으로 친히 허락하시는 모든 선물을 취하면서도 동시에 이 세상 즐거움을 누릴 수는 없는 노릇이다.

다윗처럼 한 번 이러한 기쁨을 경험한 사람을 하나님에게서 벗어나 죄를 짓게 해보라. 그러면 그의 평화와 기쁨은 처절하게 깨지고 말 것이다. 그는 하나님과 다른 사람들 앞에서 수치심을 느끼게 될 것이다. 그래서 고개를 들 수 없을 것이다. 만약 당신이 그리스도의 영 안에서 그를 만난다면 그는 당신 얼굴을 쳐다볼 수 없을 것이다. 특히 당신 마음이 하나님의 구원으로 말미암은 기쁨으로 충만하다는 사실을 그 사람에게 보여줄 때는 더욱 그럴 것이다.

나는 이와 같은 장면을 너무나 자주 목격해왔으며, 아마도 여러분 가운데 많은 사람이 마찬가지일 것으로 생각한다. 당신 주변을 한번 둘러보라. 스스로 그리스도인이라고 고백하면서 죄악에 빠진 사람이 있을 것이다. 그것이 누구든지 하나님 앞에서 그분의 구원으로 말미암은 기쁨으로 충만해지도록 도와주라. 그러면 그가 얼마나 양심의 가책을 느끼겠는가! 얼마나 심각한 고뇌와 번민으로 몸부림치겠는가! 가엾은 인생이여!

많은 사람이 하나님의 구원으로 말미암은 기쁨에 관심을 둔다는 것이 필연적으로 이기적일 수밖에 없다고 생각한다. 그들은 교회와 하나님과 세상에 끼치는 이 기쁨의 가치를 깨닫지 못하고 있다. 그러니까 그리스도인이 그 기쁨을 달라고 기도해야 하는 이유에 관하여 이기적인 동기 이외에 다른 동기가 있다고 생각하지 못한다. 결과적으로 이기적인 성격만 있다고 생각하는 이러한 관점을 유지한 채로 그들은 그 기쁨을 달라고 거의 기도하지 않는다. 자기 영혼에서 이와 같은 주님의 기쁨을 누리는 것이 얼마나 중요한지 깨닫지 못한다. 이들은 우리의 생명에 꼭 필요한 경건함에 관해 관심이 있으면서도 맺게 되는 중요한 결실을 제대로 인식하지 못하는 사람들이다.

많은 그리스도인에게는 이와 같은 축복을 아주 간절히 바라는 특별한 마음 상태가 있다. 그러나 대체로 이들은 육신적인 기쁨의 원천을 기꺼이 내려놓지 않으려고 한다. 할 수만 있다면 흔쾌히 양다리를 걸치려고만 한다. 그러나 그렇게 할 수 없기에 육신적인 것들에 집착하는 대신 영적인 것들을 그만두게 된다. 그것이 바로 가장 지혜롭지 못하고, 가장 곤고하고, 가장 죄스러운 선택이 아니던가!

흔히 다른 모든 기쁨의 원천이 메마를 때 영적인 기쁨이 가득 흘러넘친다. 이것은 그리스도 안에 있는 기쁨이 이 세상의 모든 기쁨과 즐거움을 이끌어주는 전조가 된다는 뜻은 아니다. 이것은 진실과는 거리가 아주 먼 이야기이다. 세속적인 쾌락의 원천이 우리와 단절되거나 메말라질 때 하나님은 더 풍성한 영적인 기쁨으로 그 빈 공간을 채우려고 오신다. 가난과 상실감은 오히려 수많은 삶의 위안거리를 통하여 당신에게서 말끔히 사라지게 될 것이다. 하나님은 그분의 은혜를 훨씬 더 많이 풍성하게 하셔서 당신 영혼이 그런 은혜를 주고받는 과정에서 엄청나게 즐거워하게 만들 수 있다. 질병은 건강으로 말미암아 누릴 수 있는 기쁨을 당신에게서 빼앗아 갈 수 있다. 그러나 하나님은 당신의 신체적인 상실을 영적인 유익을 통해 보충함으로써 이전보다 더 많이 당신 영혼을 번성하게 하며 건강을 지켜주실 수 있는 분이다.

하나님은 그분의 섭리하심을 통하여 이 세상 행복의 공백을 채우는 법을 잘 알고 계시는 분이다. 하나님은 그분의 영적인 축복이라는 훨씬 더 소중한 것들로 채우겠다는 분명한 목적을 위하여 때때로 그런 빈틈을 만드신다. 때때로 하나님은 우리를 자신에게 철저히 붙잡아 놓기 위하여 세속적인 기쁨을 주는 모든 원천을 단절시킬 필요성 아래 놓이게 하신다. 우리가 자발적으로 우상을 기꺼이 내던지려 하지 않을 때 자비로우신 하나님은 우리의 눈앞에서 그런 우상들을 산산이 부수어 우리에게 그보다 더 나은 것이 필요하다고 느끼게 하실 것이다.

또한 때로 사람들이 세속적인 우상을 버리지 않으려고 한다면 하나님은 각 사람이 스스로 선택하게 하면서 이렇게 말씀하실 것이다. "그들은 우상을 사랑했기에 우상을 따라갈 것이다. 그리고 우상에게 동참할 것이니 그냥 내버려 두도록 하라." 그러나 기꺼이 하나님을 섬기려고 한다면 이 세상의 가장 황량한 광야에서 솟아오르는 영적인 기쁨의 샘물을 발견하게 될 것이다.

영적인 기쁨과 그로 말미암아 나타나는 현상들이 없다면 하나님을 얼마나 불명예스럽게 하는지 깨닫는 사람은 거의 없다. 스스로 그리스도인이라고 고백하는 사람이 슬픔에 젖은 마음으로 살아가면서, 이 세상에 굴복할 뿐만 아니라 가증스러울 정도로 이기적인 모습을 다른 사람들에게 보이는 것은 얼마나 커다란 걸림돌이 되는지 깨닫는 사람도 거의 없다. 하나님을 전혀 또는 거의 신뢰하지 않는 모습으로, 하나님의 얼굴에서 흘러나오는 빛으로 말미암아 맛보는 어떤 기쁨도 없는 상태로 하나님을 섬기면서 무엇이든 하나님의 뜻대로 하겠다는 순종의 모습을 보이지 않는다면 말이다. 하나님의 백성이 자기 형제나 세상 앞에 이런 모습으로 나타나는 것은 예수 그리스도의 이름에 생생한 치욕을 안기는 짓이다.

그러므로 우리가 하나님 안에서 구원의 기쁨을 회복하려면 다음과 같이 간절히 부르짖어야 한다.

"오, 주님! 저는 그와 같은 경험을 제대로 알지 못합니다. 거기에는 저에게 낯선 무언가가 있습니다. 그것이 무엇인지 반드시 알고 싶습니다. 제 믿음이 혹시 지푸라기 하나만 한 가치가 있다면 다른 신실한 그리스도인에게 찾아볼 수 있는 것과 같은 주님 안에서 누리는 기쁨을 찾게 도와주소서. 그리고 그들과 더불어 그 구원의 기쁨을 누릴 수 있도록 인도해주소서."

이 고백이 당신이 살아가는 나날의 신앙고백이 되기를 바란다. 이 고백으로 구원의 기쁨이 회복되길 원한다.

■ 하나님이 설복하시는 기도드리기

이 책을 읽고 하나님이 설복하시는 기도를 드리기 위해서
내가 가장 먼저 버려야 할 것은 무엇이라고 생각합니까?
잠잠히 성령님의 임재를 기다리면서 신앙고백서를 적어보세요.

■ 하나님이 설복하시는 기도드리기

이 책을 읽고 하나님이 설복하시는 기도를 드리기 위해서
내가 가장 먼저 버려야 할 것은 무엇이라고 생각합니까?
잠잠히 성령님의 임재를 기다리면서 신앙고백서를 적어보세요.